Arbeitsheft Inklusion
Teil A

Löwenzahn

Werkstatt für das Lesen- und Schreibenlernen

Herausgegeben und erarbeitet
von Jens Hinnrichs

unter Mitarbeit von
Christiane Müller und Brigitte Stöcker.

Mit Illustrationen von
Matthias Berghahn, Antje Hagemann,
Carmen Hochmann, Stefanie Klaßen
und Stephanie Stickel.

Schroedel

Inhaltsübersicht

Zeichenerklärung

Schreibe.

Verbinde.

Kreuze an.

Male aus.

Kreise ein.

Schwinge Silben.

Lies. / Schau genau.

Hör genau.

Lernentwicklung
zu den Arbeitsheften Inklusion

Dieses Heft gehört: _____

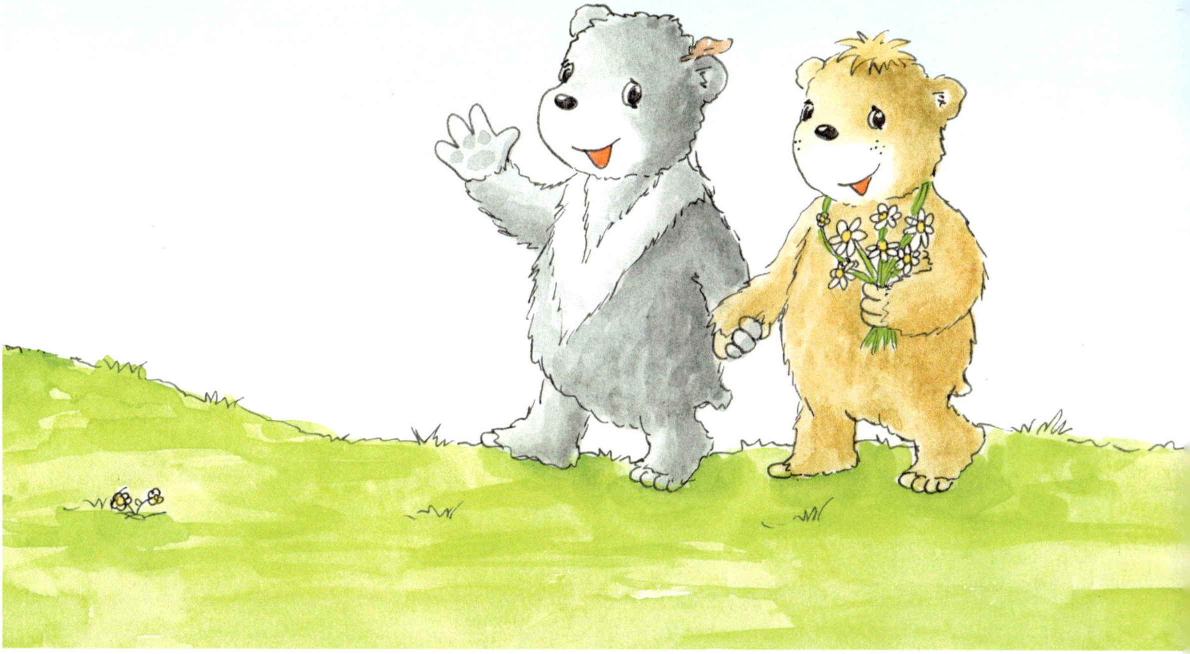

Löwenzahn

Inhaltsübersicht

Zeichenerklärung

 Schreibe.

Verbinde.

Kreuze an.

Male aus.

 Kreise ein.

 Schwinge Silben.

 Lies. / Schau genau.

Hör genau.

Datum: _____

1

2 👁 ✴ ✏

3 👂 ✕ ✏

Datum: _____

1

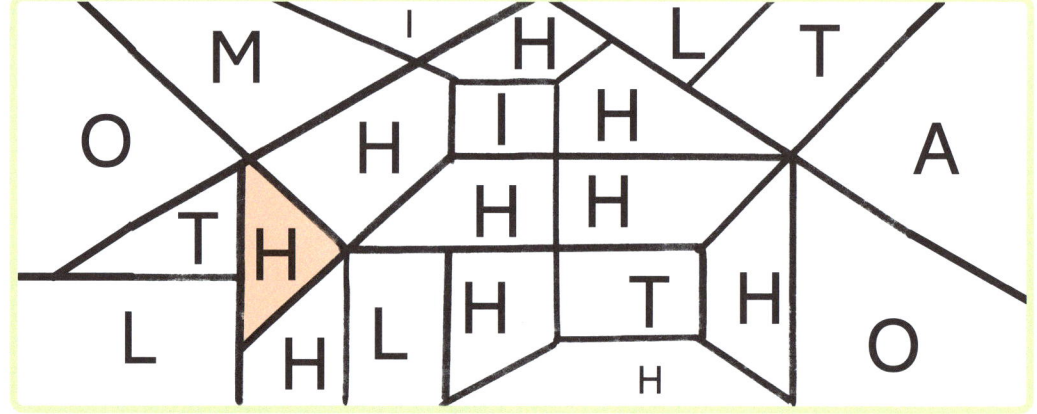

2

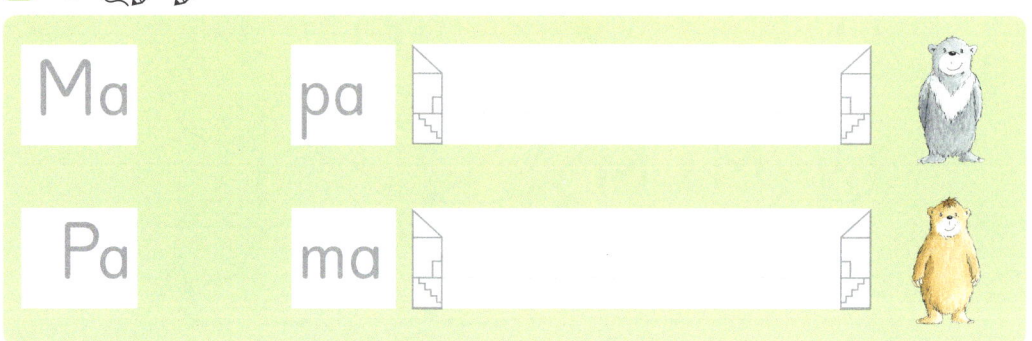

Ma   pa

Pa   ma

3

Datum: _____

1

M   m

Ll   Ff   Oo   Mm

2

A O U h u m i o m i

T M I H F i l o m u

3

5

Datum: _____

1 👁 👂 ✏️

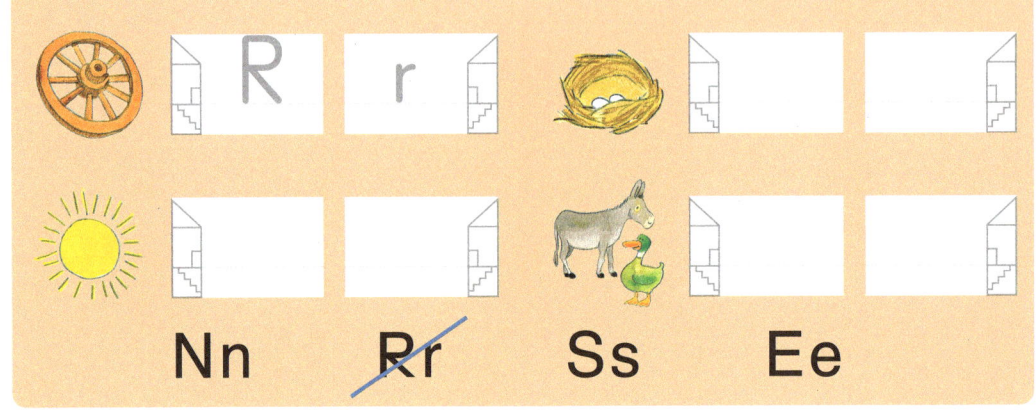

Nn   R̶r̶   Ss   Ee

2 👁 ✏️ ✏️

| Na | fa | |
| So | se | |

3 👂 ✗ ✏️

1

S   s   Dd   Ww   ~~Ss~~   Kk

2

Kater   Kanu
Kamel   Kino

3

Datum: _____

1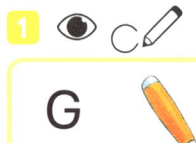

| G g |  | D G h g T G s r g W G f g |

| Ei ei | | B ei K Ei n o ei m Ei x ei p |

2 👁 ✏️

Meise Glas Igel Eis

3 👁 ✦✏️

Es regnet.

Die Gans legt ein Ei.

4 👁 ✕ ✏

	Buch
	Eichel
	Kirche
	Locher
	Drachen

5 👁 ✏

G

g

6 👁 ✏

Buch   Dach   Licht

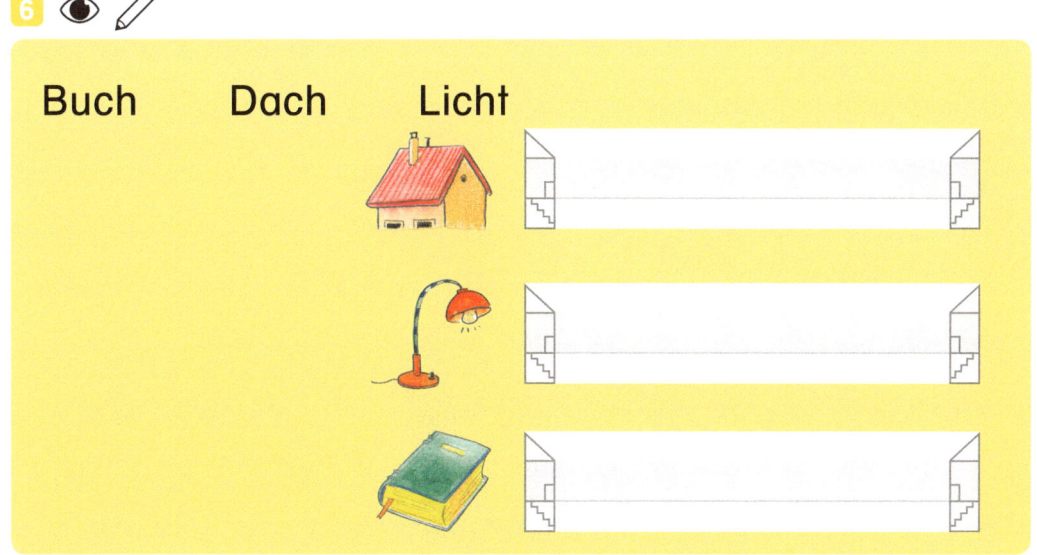

Datum: _____

1 👁 ✏

Au
au    W Au Ei ch au M Au k au o

B
b   E B h r b P l b N B D b S

2 👂 ✏

B   **b**

3 👁 ✗✏ ✏

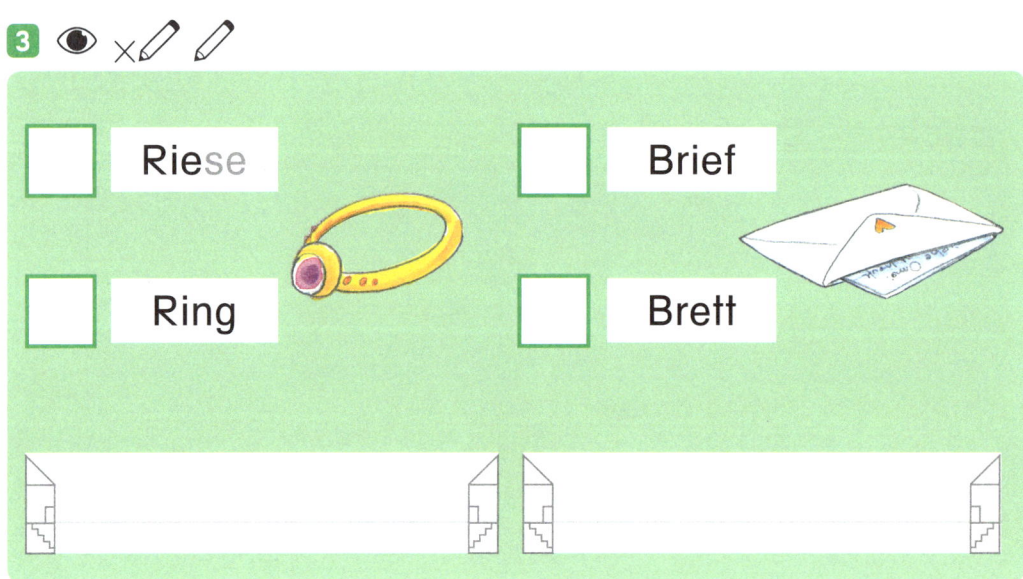

☐ Rie se   ☐ Brief

☐ Ring   ☐ Brett

4

Bir	se	_____	
Wie	pe	_____	
Rau	ne	_____	

5 👁 ✏

Auto	Baum	Banane	Maus

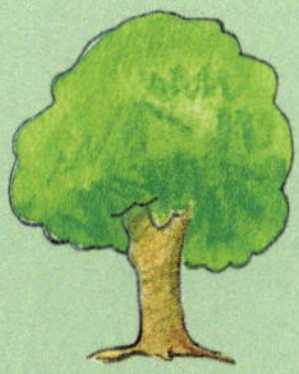

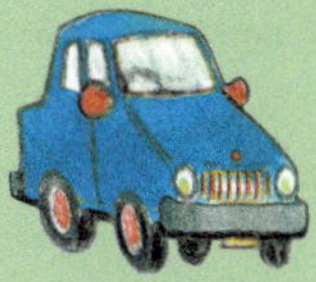

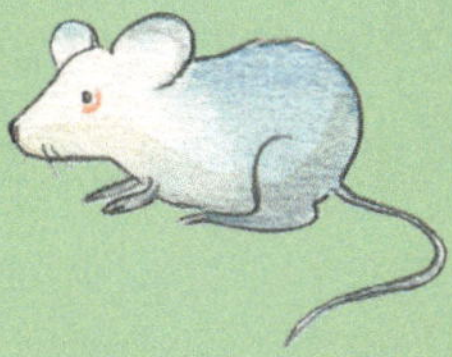

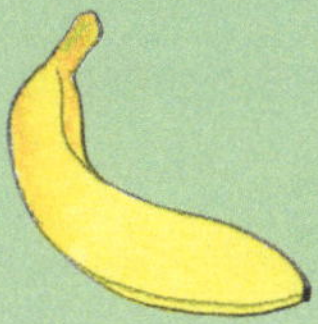

_____

_____

_____

_____

Datum: _____

1

Sch

sch

2

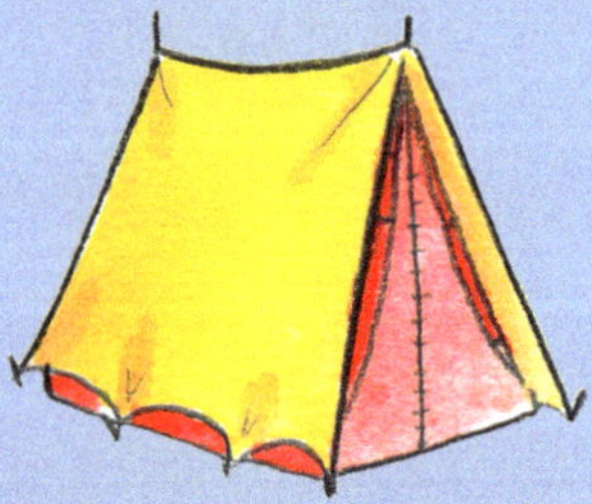

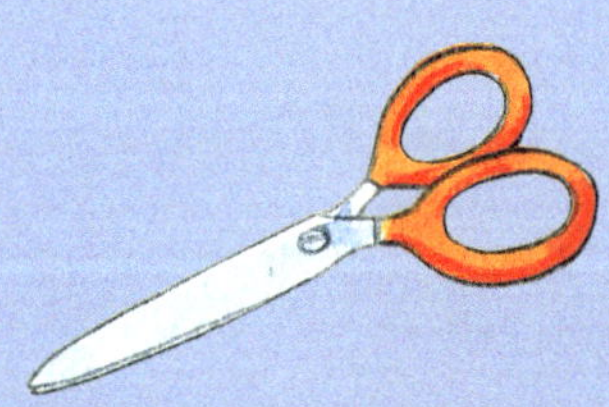

Die Schere

ist

gelb.

Das Zelt

rot.

3

Vater	Vase	Vogel	Vulkan

4 👁 ✕✎

🎪	☐ Zirkus	🐑	☐ Schule
	☐ Zelt		☐ Schaf
	☐ Ziege		☐ Schiff
🪟	☐ Vogel	🧛	☐ Vase
	☐ Vater		☐ Vampir
	☐ Vorhang		☐ Vulkan

Datum: _____

1

Mutter liest die Zeitung.

Vater ist in der Küche.

2

Die Katze hat
schwarze Tatzen.

Die Schnecke frisst
ein grünes Blatt.

Auf der Blüte
sitzt eine Ameise.

Der Käfer ist rot.
Er hat fünf Punkte.

3

Käse	Küche	Löwe	Tüte

4 👁 ✗✏

☐ Löwe	☐ Rock
☐ Möwe	☐ Sack
☐ Löffel	☐ Glocke
☐ Tüte	☐ Hände
☐ Küche	☐ Bälle
☐ Tür	☐ Zähne

1

Eu	eu			

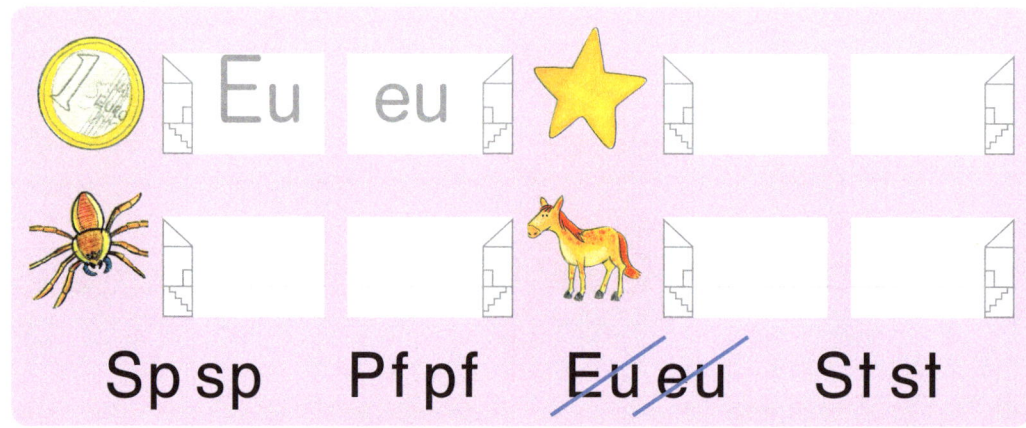

| | | | |

Sp sp   **Pf pf**   ~~Eu eu~~   **St st**

2 👁 ✏

Apfel	Spiel	Stein	Häuser

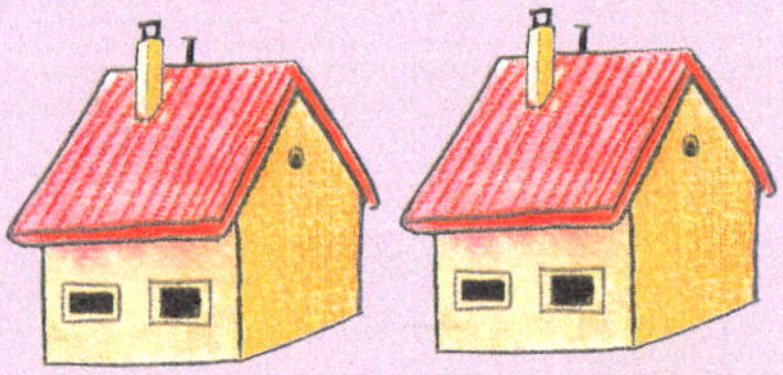

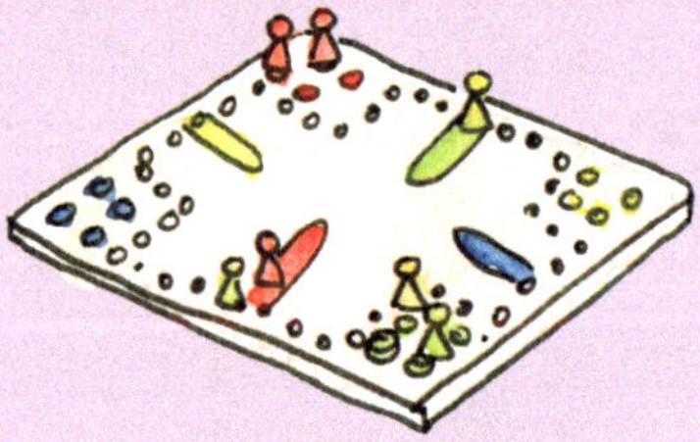

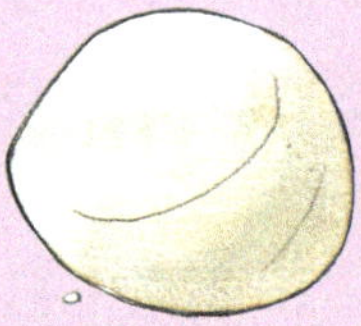

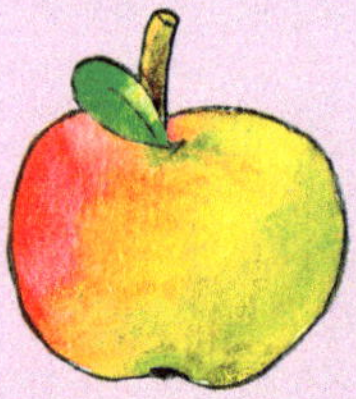

3 👁 ✦✏

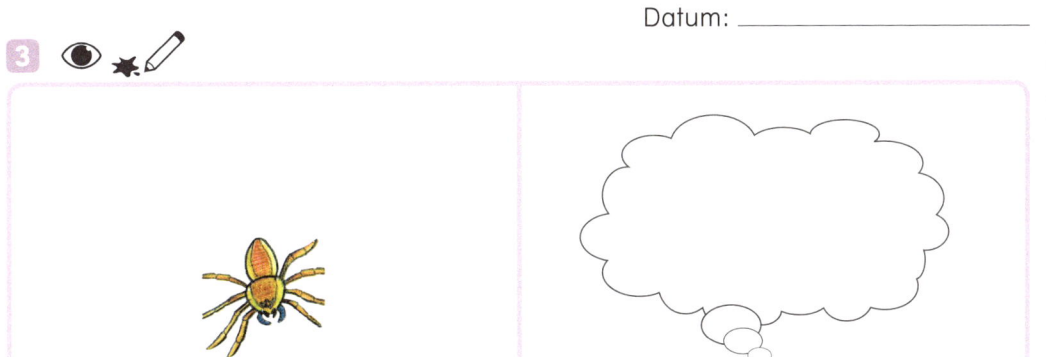

Die Spinne ist
im Netz.

Die Mäuse
träumen von Käse.

4 👁 ✕✏✏

Das Pferd steht

☐ im Stall.

☐ zwischen zwei Bäumen.

☐ im Wasser.

Datum: _____

1 👁 👂 ✏

Qu qu   C c   X x   Y y

2 👁 ✗✏ ✏

| | Boxer |
| Taxi |
| Hexe |

| | Quark |
| Quatsch |
| Qualle |

| | Comic |
| Computer |
| Cent |

| | Baby |
| Pony |
| Teddy |

3

Neben der Qualle
schwimmt ein Fisch.

Vor dem Teddy
liegt ein Ball.

4

Sie schwimmt im Meer.

Es ist noch klein.

Darin kann man lesen.

Auswertungshilfen zu den Lernstandserhebungen (LE)

LE 1 Die Bärenfamilie

1 Passende Namen zu den Bildern in Lineatur schreiben. `++` `+` `-` `--`

2 Felder mit dem Buchstaben M ausmalen. `++` `+` `-` `--`

3 Bildwörter auf den Anlaut P hin abhören und entsprechend markieren. `++` `+` `-` `--`

LE 2 Spiel und Spaß

1 Felder mit dem Buchstaben H ausmalen. `++` `+` `-` `--`

2 Silben sinnerfassend zu Wörtern verschleifen, verbinden und in Lineatur schreiben. `++` `+` `-` `--`

3 Bildwörter auf den Anlaut L hin abhören und entsprechend markieren. `++` `+` `-` `--`

LE 3 Einander helfen

1 Groß- und Kleinbuchstaben zu Anlautbildern in Lineatur schreiben. `++` `+` `-` `--`

2 Wort in Buchstabenfolge einkreisen und in Lineatur schreiben. `++` `+` `-` `--`

3 Bildwörter auf den Anlaut F hin abhören und entsprechend markieren. `++` `+` `-` `--`

LE 4 Miteinander

1 Groß- und Kleinbuchstaben zu Anlautbildern in Lineatur schreiben. `++` `+` `-` `--`

2 Silben sinnerfassend zu Wörtern verschleifen, verbinden und in Lineatur schreiben. `++` `+` `-` `--`

3 Bildwörter den Anlaut N hin abhören und entsprechend markieren. `++` `+` `-` `--`

LE 5 Seltsames

1 Groß- und Kleinbuchstaben zu Anlautbildern in Lineatur schreiben. `++` `+` `-` `--`

2 Ähnliche Wörter unterscheiden, zum Bild passendes ankreuzen und in Lineatur schreiben. `++` `+` `-` `--`

3 Bildwörter auf den Anlaut W hin abhören und entsprechend markieren. `++` `+` `-` `--`

LE 6 In der Schule

1 Zu Anlautbildern passende Buchstaben einkreisen. `++` `+` `-` `--`

2 Vorgegebene Wörter zu passenden Bildern schreiben. `++` `+` `-` `--`

3 Bilder einem Satz entsprechend ergänzen (malen). `++` `+` `-` `--`

4 In einer Wortauswahl die zu den Bildern passenden ankreuzen. `++` `+` `-` `--`

5 Bilder mit G im Anlaut bzw. g im Inlaut einkreisen. `++` `+` `-` `--`

6 Vorgegebene Wörter zu passenden Bildern schreiben. `++` `+` `-` `--`

LE 7 Nach der Schule

1 Zu Anlautbildern passende Buchstaben einkreisen. `++` `+` `-` `--`

2 Bildbegriffe mit B im Anlaut bzw. b im Inlaut einkreisen. `++` `+` `-` `--`

3 Ähnliche Wörter unterscheiden, zum Bild passendes ankreuzen und in Lineatur schreiben. `++` `+` `-` `--`

4 Silben sinnerfassend zu Wörtern verschleifen, verbinden und in Lineatur schreiben. `++` `+` `-` `--`

5 Vorgegebene Wörter zu passenden Bildern schreiben. `++` `+` `-` `--`

LE 8 Das will ich wissen

1 Bilder mit Sch im Anlaut bzw. sch im Inlaut einkreisen. `++` `+` `-` `--`

2 Aus Wörtern sinnhafte Sätze bilden und diese in die Lineatur übertragen. `++` `+` `-` `--`

3 Vorgegebene Wörter zu passenden Bildern schreiben. `++` `+` `-` `--`

4 Ähnliche Wörter unterscheiden und zum Bild passendes ankreuzen. `++` `+` `-` `--`

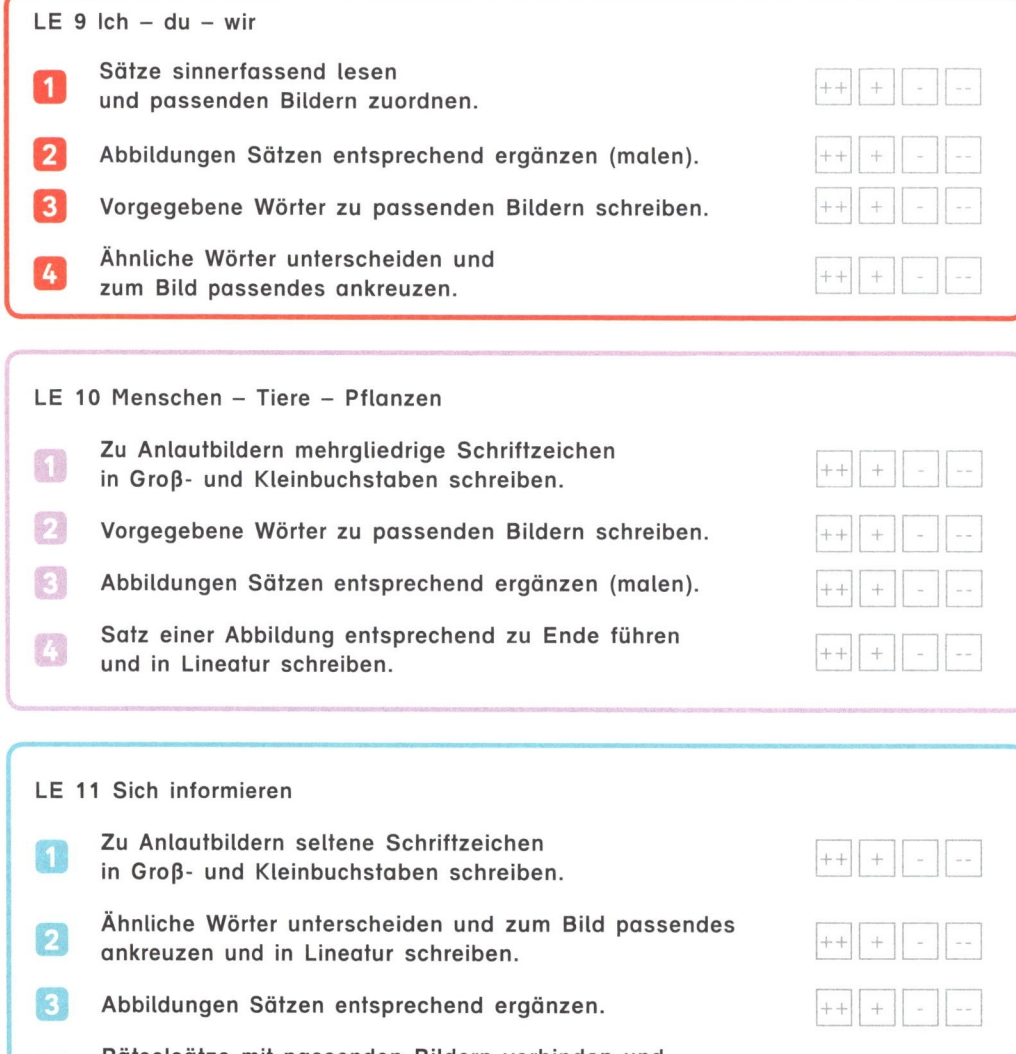

LE 9 Ich – du – wir

1 Sätze sinnerfassend lesen
und passenden Bildern zuordnen. ++ + - --

2 Abbildungen Sätzen entsprechend ergänzen (malen). ++ + - --

3 Vorgegebene Wörter zu passenden Bildern schreiben. ++ + - --

4 Ähnliche Wörter unterscheiden und
zum Bild passendes ankreuzen. ++ + - --

LE 10 Menschen – Tiere – Pflanzen

1 Zu Anlautbildern mehrgliedrige Schriftzeichen
in Groß- und Kleinbuchstaben schreiben. ++ + - --

2 Vorgegebene Wörter zu passenden Bildern schreiben. ++ + - --

3 Abbildungen Sätzen entsprechend ergänzen (malen). ++ + - --

4 Satz einer Abbildung entsprechend zu Ende führen
und in Lineatur schreiben. ++ + - --

LE 11 Sich informieren

1 Zu Anlautbildern seltene Schriftzeichen
in Groß- und Kleinbuchstaben schreiben. ++ + - --

2 Ähnliche Wörter unterscheiden und zum Bild passendes
ankreuzen und in Lineatur schreiben. ++ + - --

3 Abbildungen Sätzen entsprechend ergänzen. ++ + - --

4 Rätselsätze mit passenden Bildern verbinden und
davon einen nach Bildvorgabe in Lineatur schreiben. ++ + - --

Löwenzahn

Werkstatt für das Lesen- und Schreibenlernen

Inklusion

Druck A² / Jahr 2022
Alle Drucke der Serie A sind im Unterricht parallel verwendbar.

Redaktion: Axel Wolber
Layout und Umschlaggestaltung: piou kunst + grafik, Braunschweig
(unter Verwendung einer Illustration von Carmen Hochmann)
Illustration: Matthias Berghahn, Bielefeld; Antje Hagemann, Berlin; Carmen Hochmann, Bielefeld; Stephanie Stickel, Fitou
Satz und technische Umsetzung: Sigert, Braunschweig
Druck und Bindung: Westermann Druck Zwickau GmbH, Crimmitschauer Straße 43, 08058 Zwickau

ISBN 978-3-507-43276-5

Das Lernentwicklungsheft

- ermöglicht während des Schuljahres einen begleitenden
  Überblick über die individuelle Lernentwicklung
- enthält elf Lernstandserhebungen
  passend zu den elf Kapiteln der Arbeitshefte
- dient der Überprüfung aller wichtigen Kompetenzen bzw. Lernbereiche
  des Schriftspracherwerbs
- zeigt über die Seitenfarben die Zugehörigkeit zu den Kapiteln
- nutzt viele bekannte Übungsformate aus den Arbeitsheften A und B
- bietet eine Auswertungshilfe am Ende des Heftes

www.westermann.de

ISBN 978-3-507-43276-5

954.645

9 783507 432765

verbinden, Mi/Mo lesen

1 👁 ✕✎

✕ Mi ☐ Mo

☐ Mi ☐ Mo

☐ Mi ☐ Mo

☐ Mi ☐ Mo

☐ Mi ☐ Mo

☐ Mi ☐ Mo

1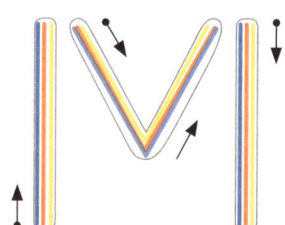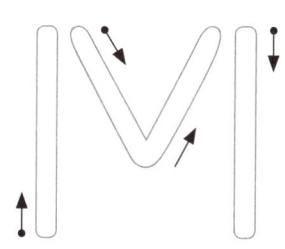

2

M

M

M

M

M M M M M M M M

M M

3 👁✦✏

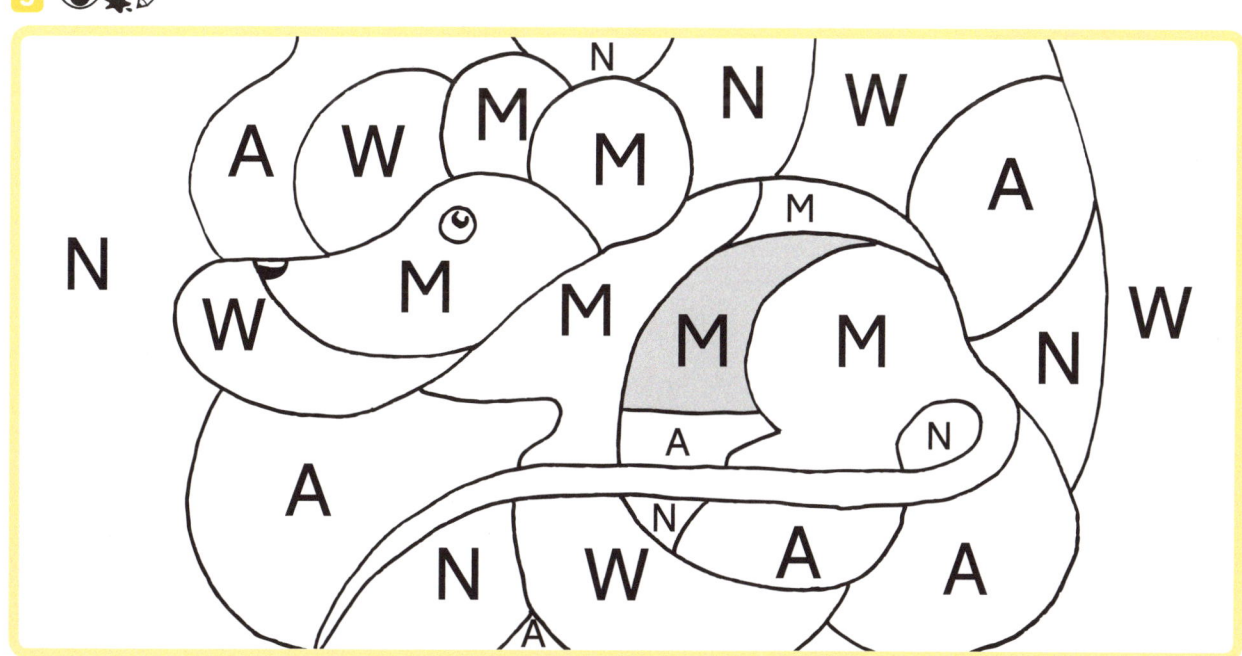

1 👁 👂 ✗✏

2 👁 ✏

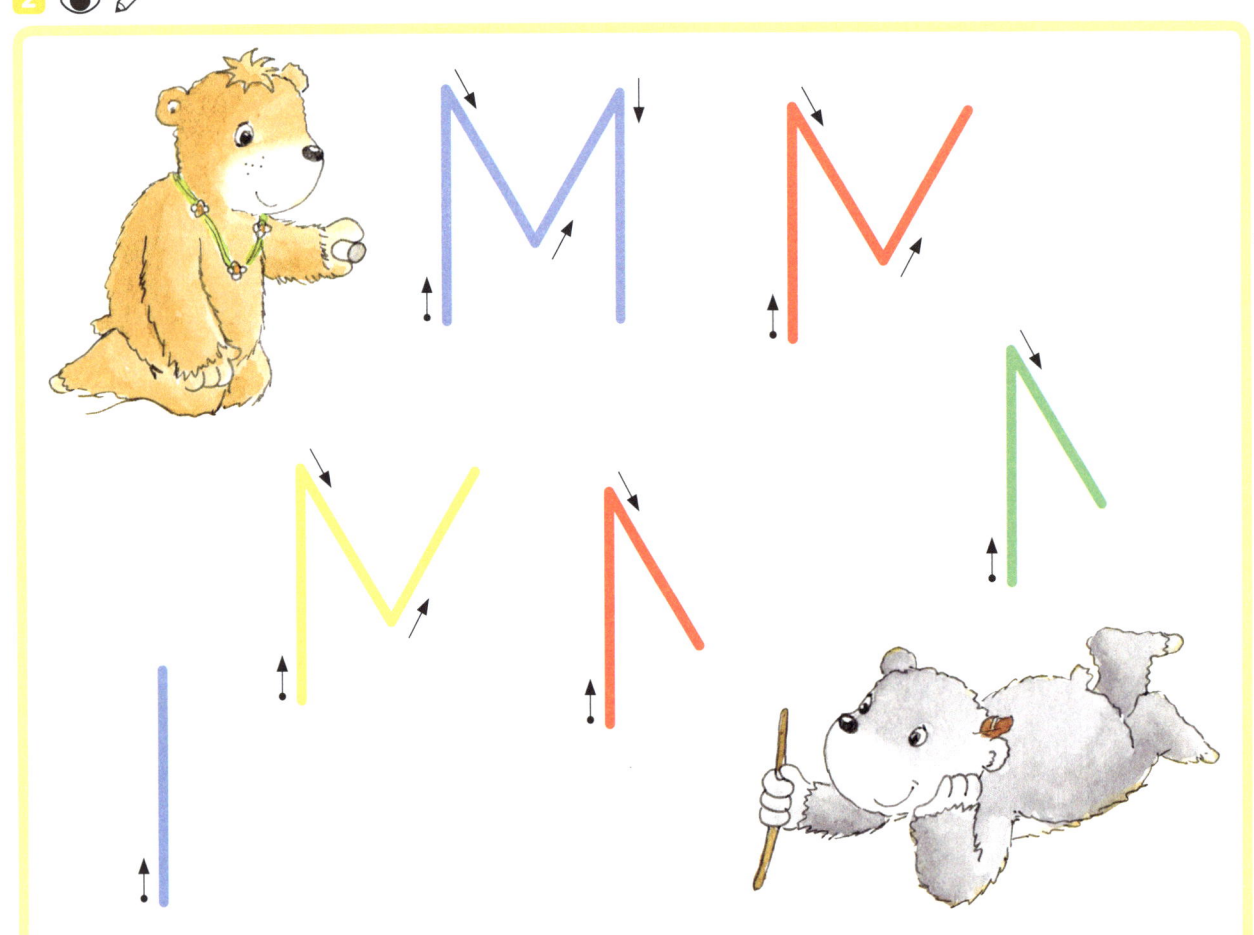

M – Anlaut auditiv analysieren; Buchstabenelemente nachspuren und schreiben

1 ✏️

inn inn inn

2 ✏️

m m m m

m   m   m

m m m m m m m

m   m

3 👂 ✕ ✏️

m – Buchstabenelemente/Buchstaben nachspuren, schreiben; In-/Auslaut auditiv analysieren

M/m – Buchstaben zum Anlautbild schreiben; Wort vervollständigen

1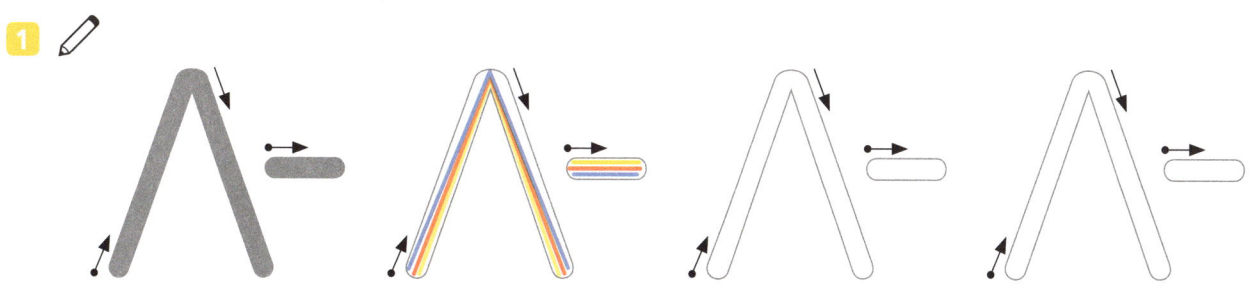

2

3

A – Buchstabenelemente/Buchstaben nachspuren, schreiben; visuell diskriminieren

1 👂 ✗✏️

2 👁 ✏️

A – Anlaut auditiv analysieren; Wort vervollständigen

1 ✏️

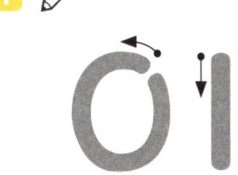 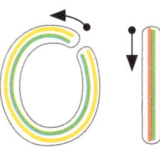 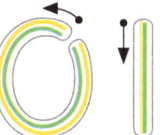 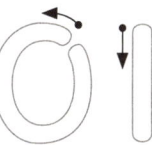

2 ✏️

● **3** 👂 ×✏️

a – Buchstabenelemente/Buchstaben nachspuren, schreiben; In-/Auslaut auditiv analysieren

1 👁 👂 ✏️

2 👁 ✏️

© Bildungshaus Schulbuchverlage

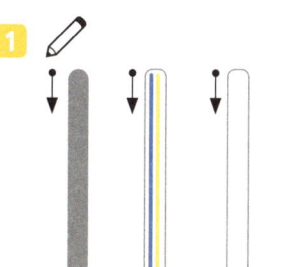

1 ✏️

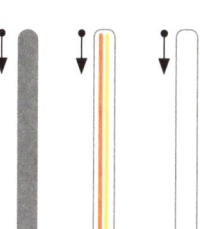 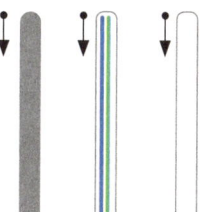 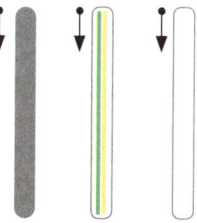

2 ✏️

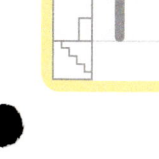

3 👁️ ✏️

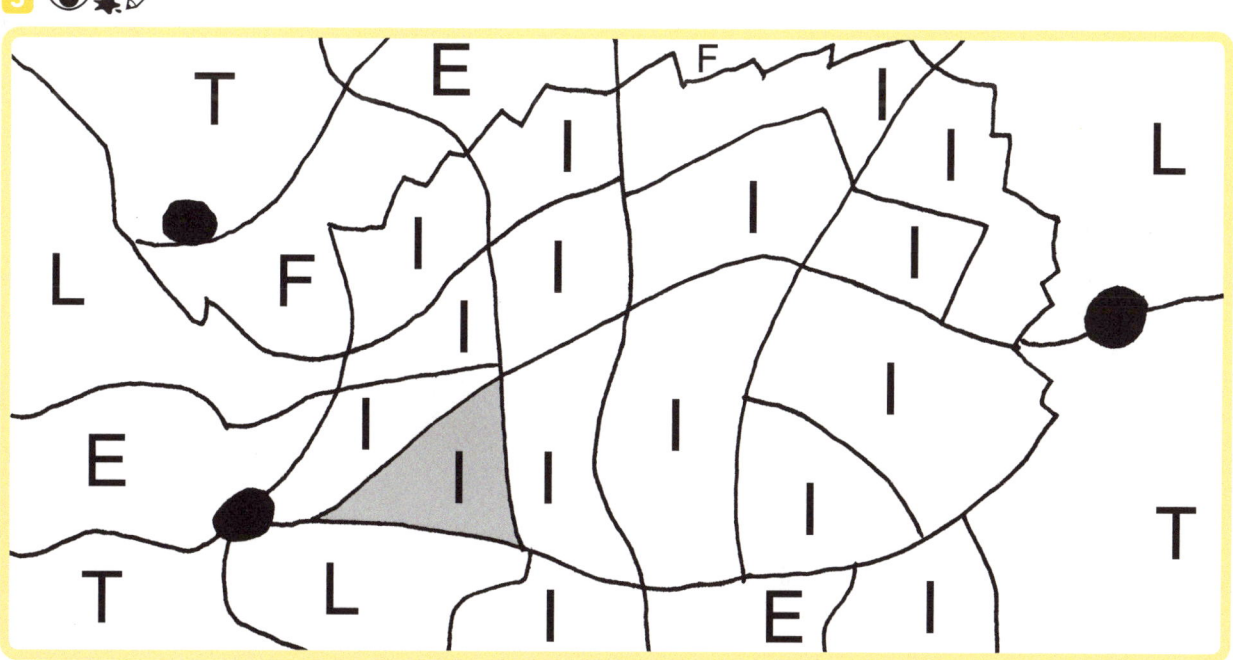

1 👂 ✗✏️

2 👁 ✏️

I mi

___i

___mi

___mi

___a m a

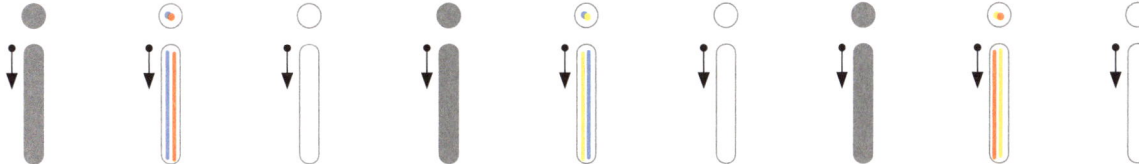

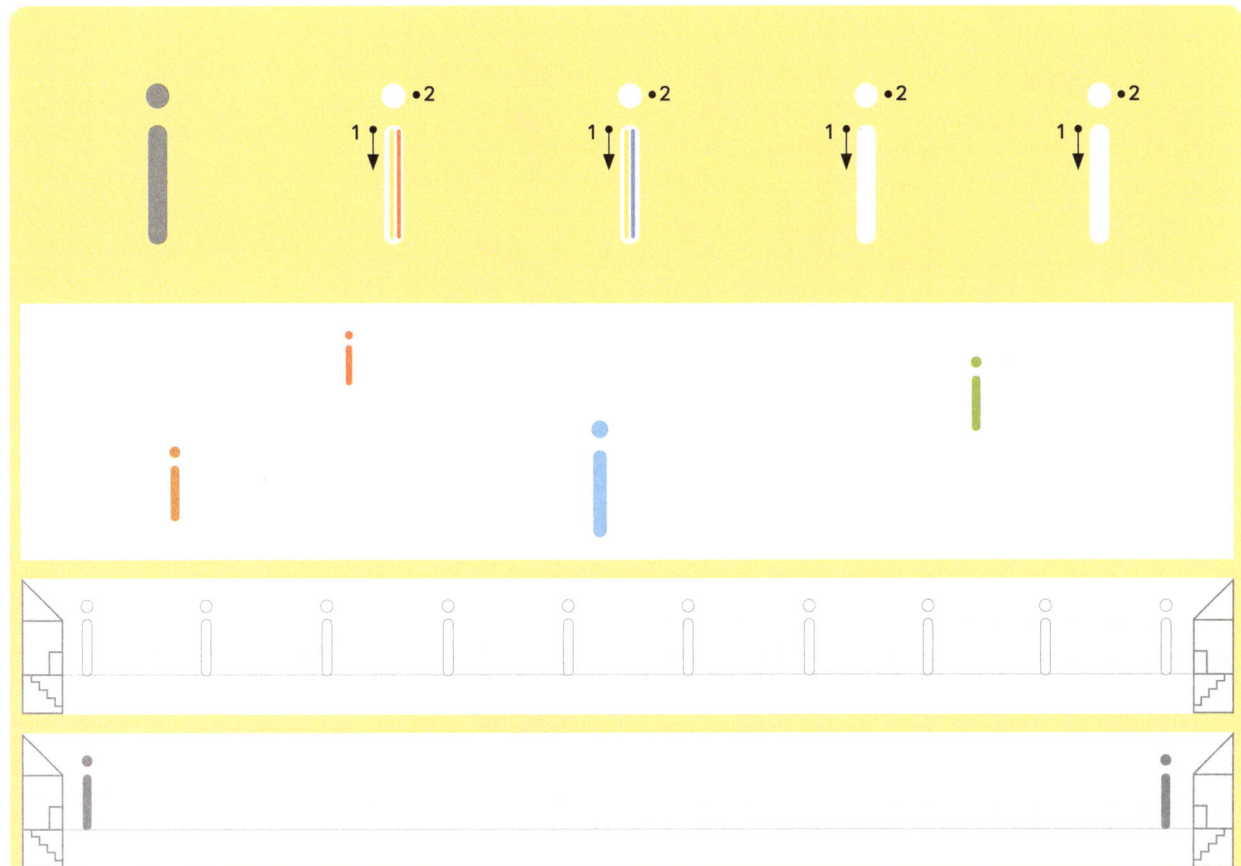

i – Buchstaben nachspuren, schreiben; In-/Auslaut auditiv analysieren

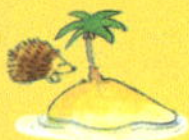

1

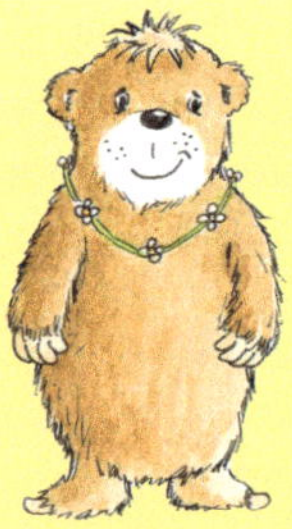

Mi

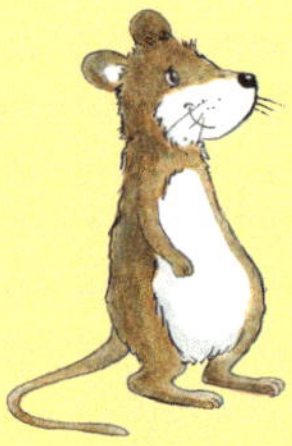

Ami

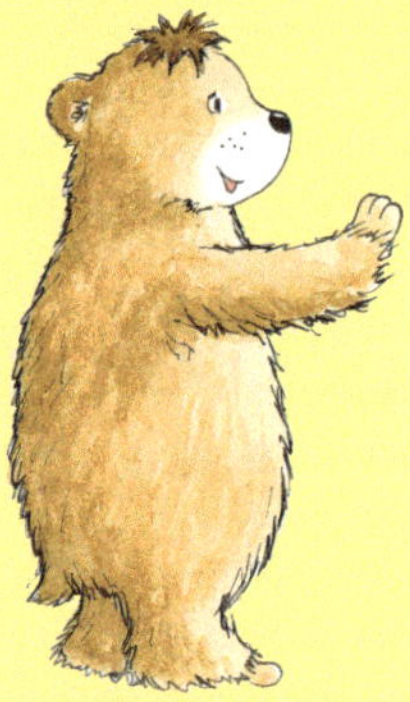

Mama

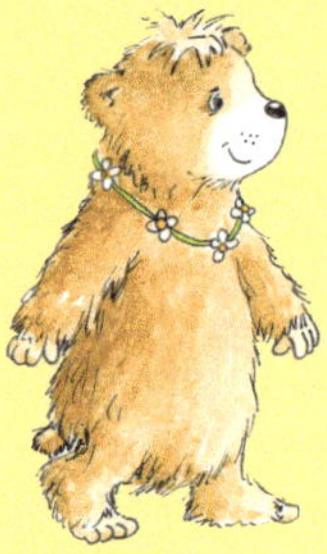

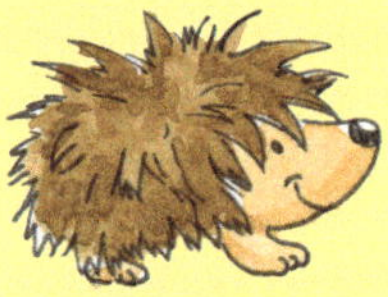

Imi

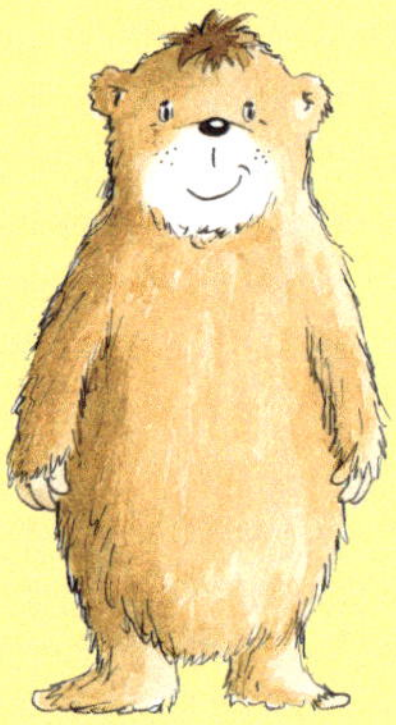

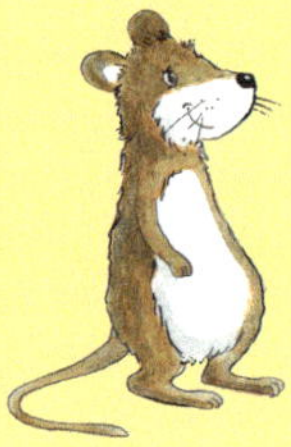

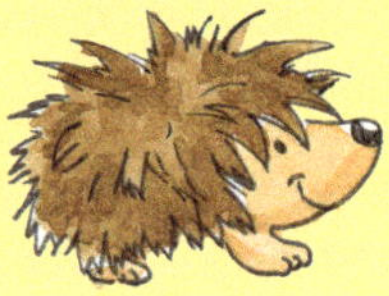

2

Imi

Ami

Mi

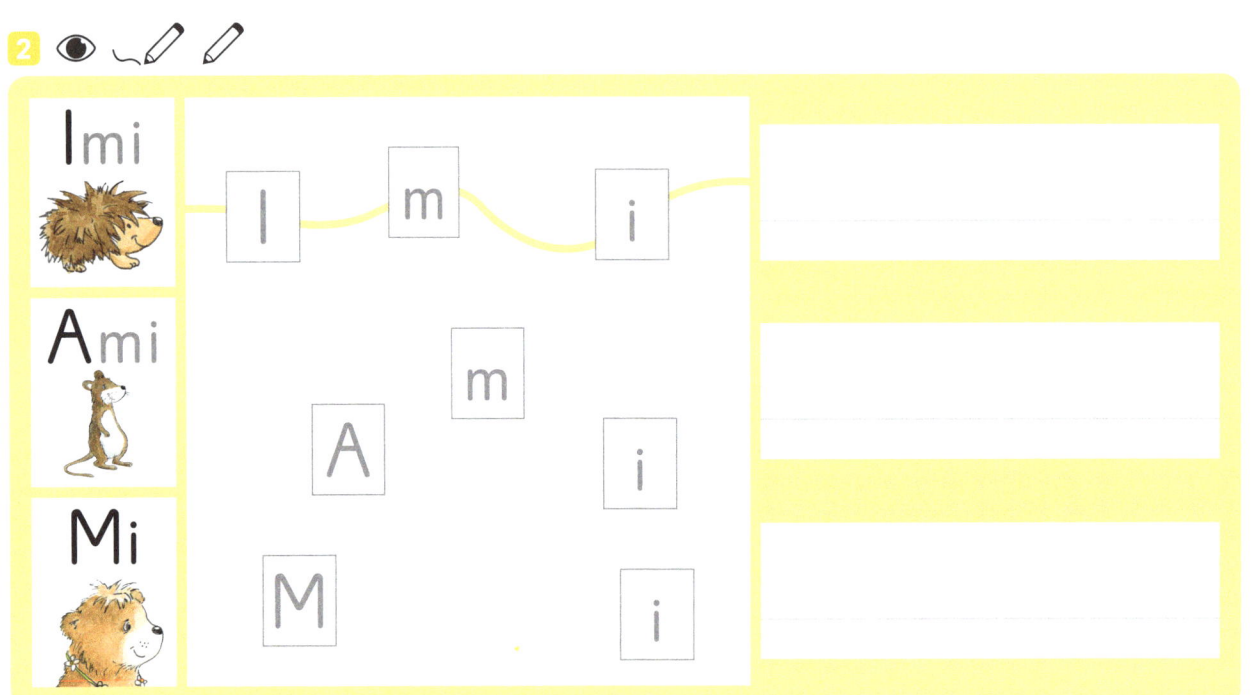

I   m   i

m

A   i

M   i

I/i – Namen zum Bild schreiben, Silbenbögen eintragen; Buchstaben zum Bild verbinden, schreiben

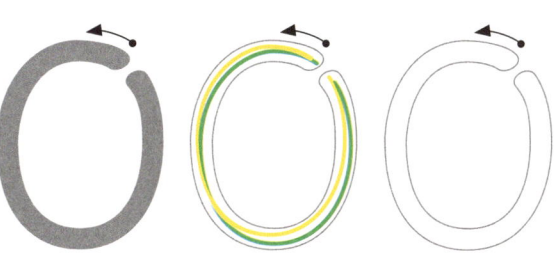

1

2

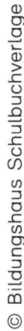

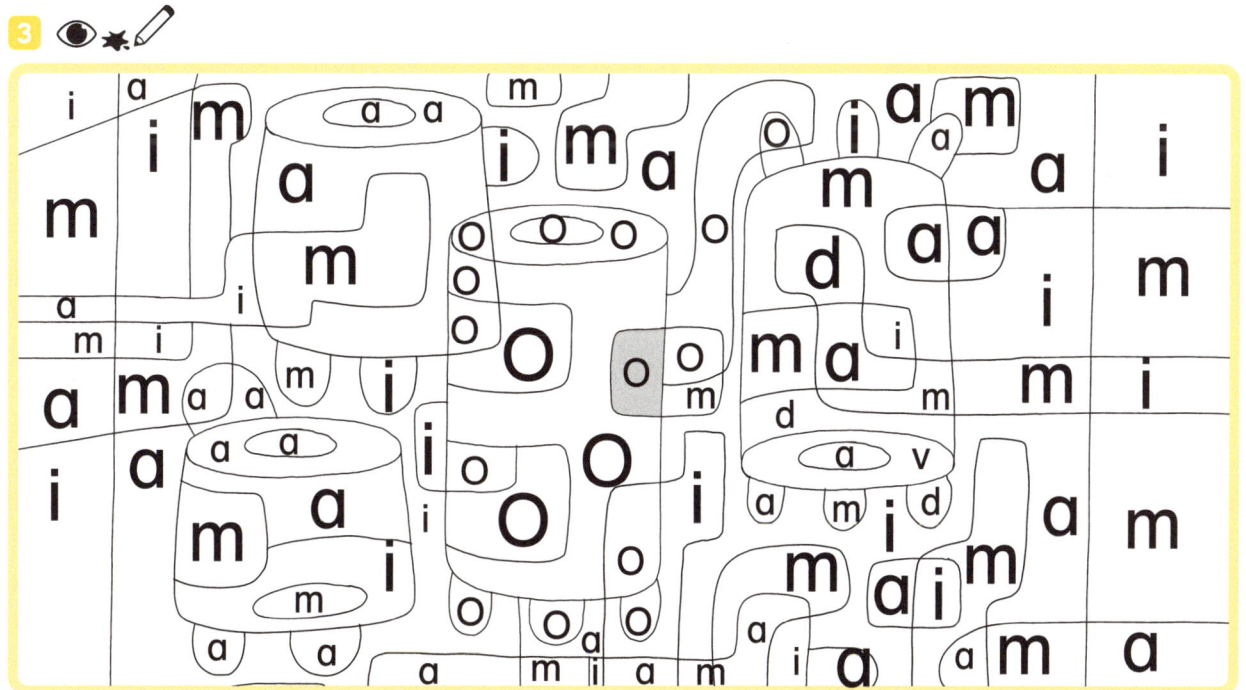

3 👁✦✏

O – Buchstaben nachspuren, schreiben; visuell diskriminieren

O
o

1 👂 ✕✏️

2 👂 ✏️ ✏️

O – Anlaut auditiv analysieren; Namen zum Bild schreiben, Silbenbögen eintragen

1

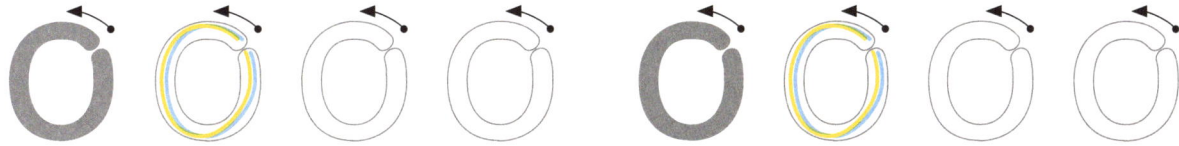

2

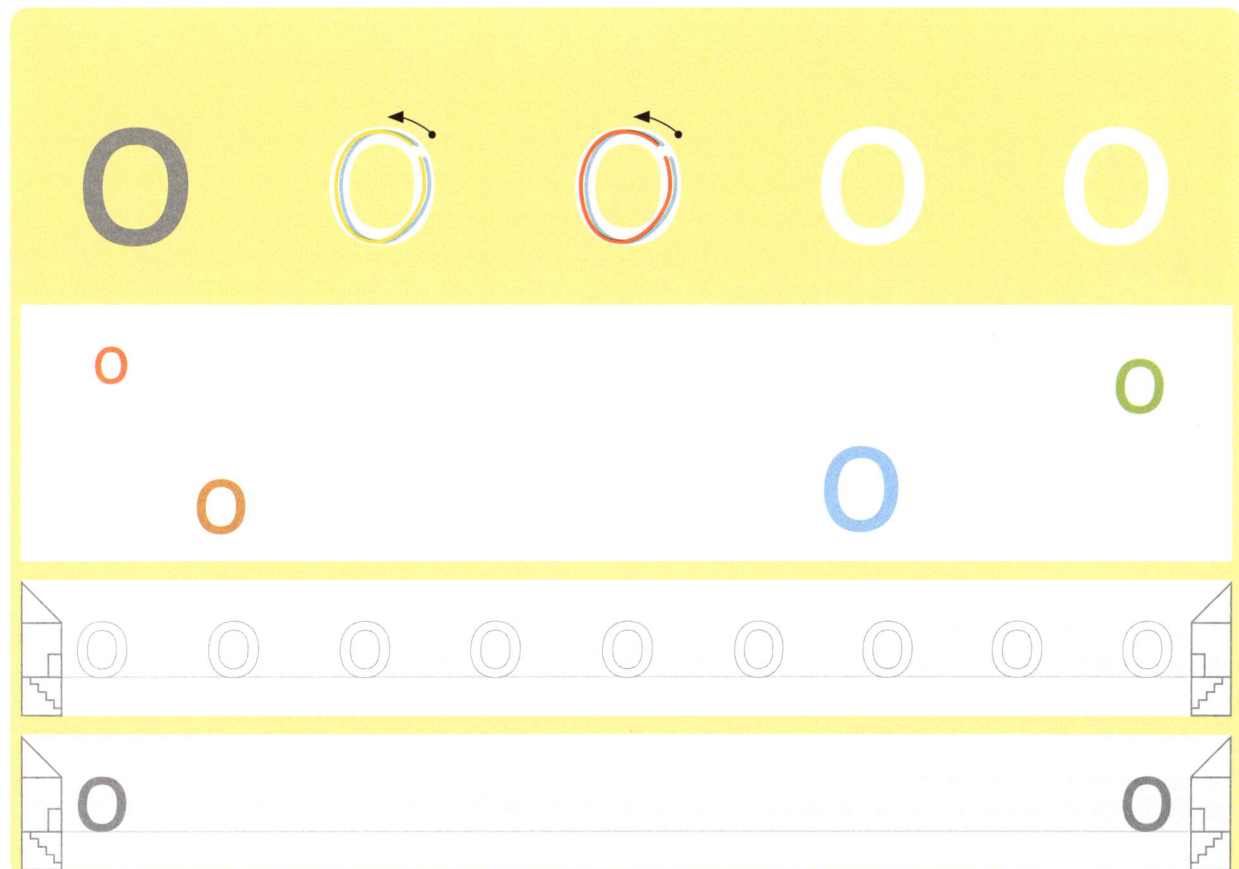

3

o - Buchstaben nachspuren, schreiben; In-/Auslaut auditiv analysieren

1 👁 ✏️ ⌣✏️

	O	ma	⌣͡
	A	ma	
	Ma	mi	
	I	mi	

2 👁 ✏️

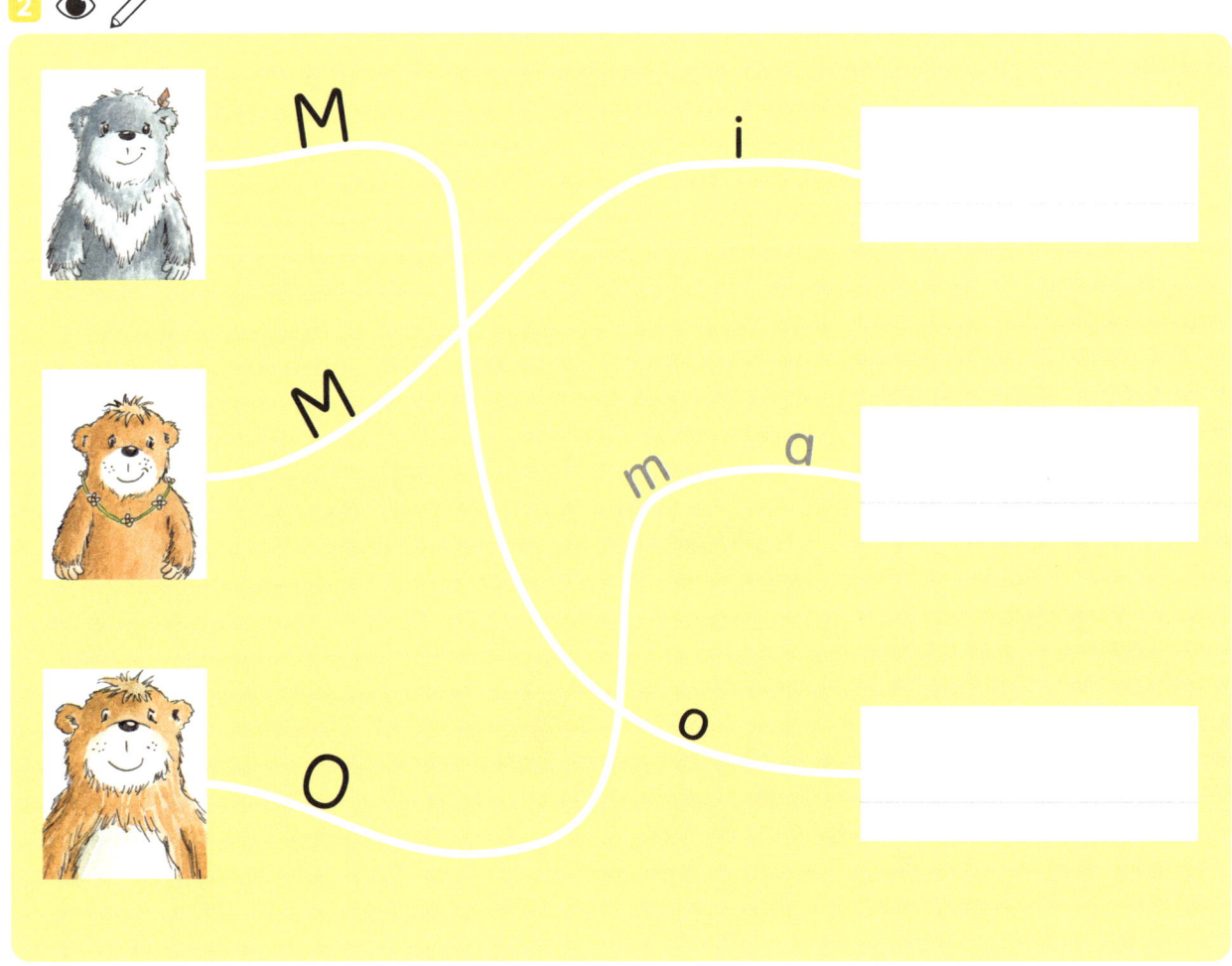

M · i

M · m a

O · o

O/o – Wort schreiben, Silbenbögen eintragen; Namen zum Bild schreiben

1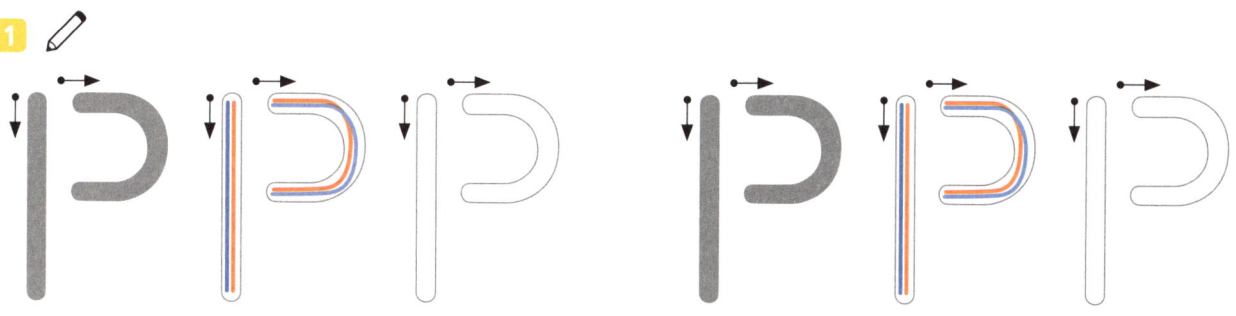

2

3 👁✳️✏️

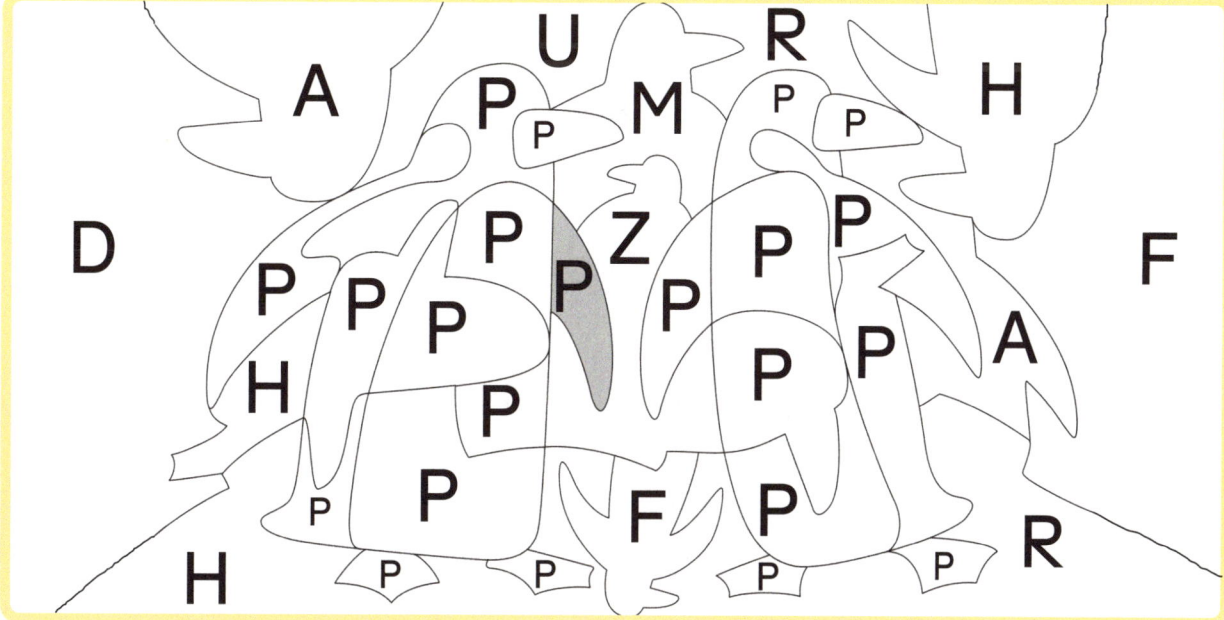

1

2

__o

__ama

M__

Im__

P – Anlaut auditiv analysieren; Namen zum Bild schreiben

1 ✏

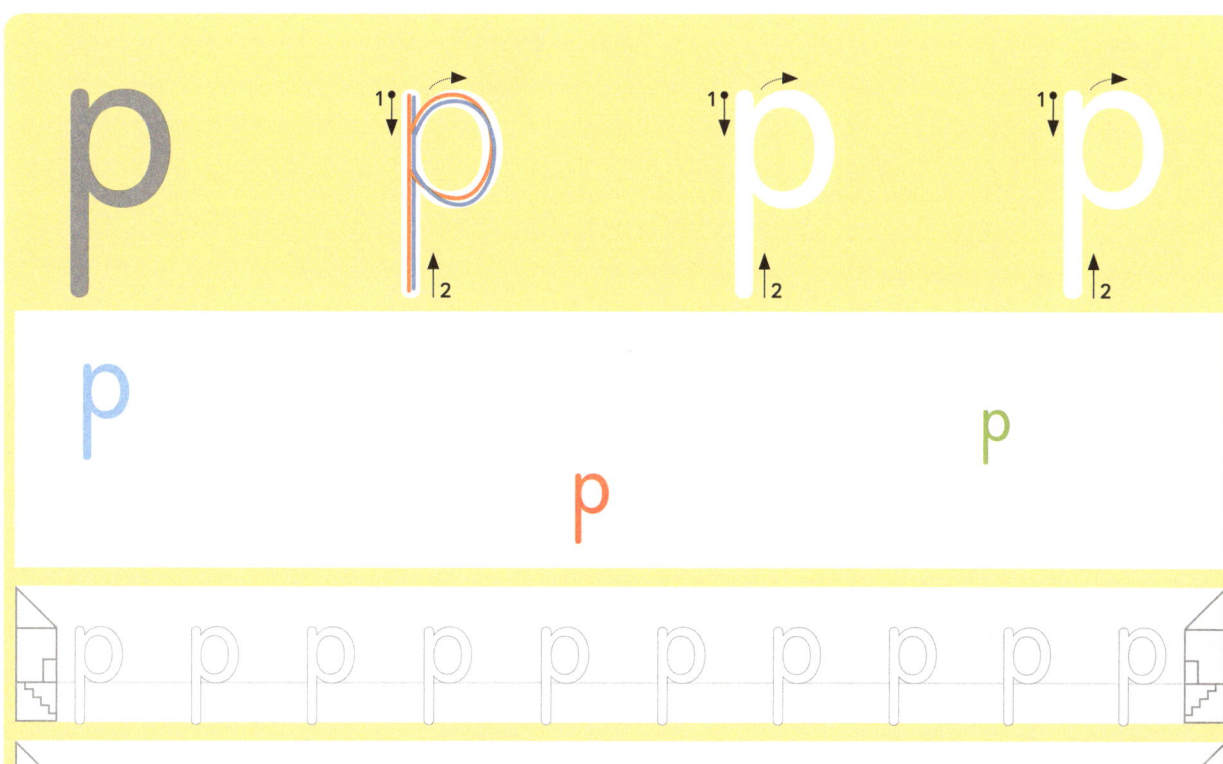

2 ✏

3 👂 ✗✏

p – Buchstabenelemente/Buchstaben nachspuren, schreiben; Inlaut auditiv analysieren

1 👂 ✏️ ～✏️

🐻	O p a	🐾	Pa pa
🐻		🐾	
🐻		🐾	
🐻		🐾	

2 👁️ ✏️

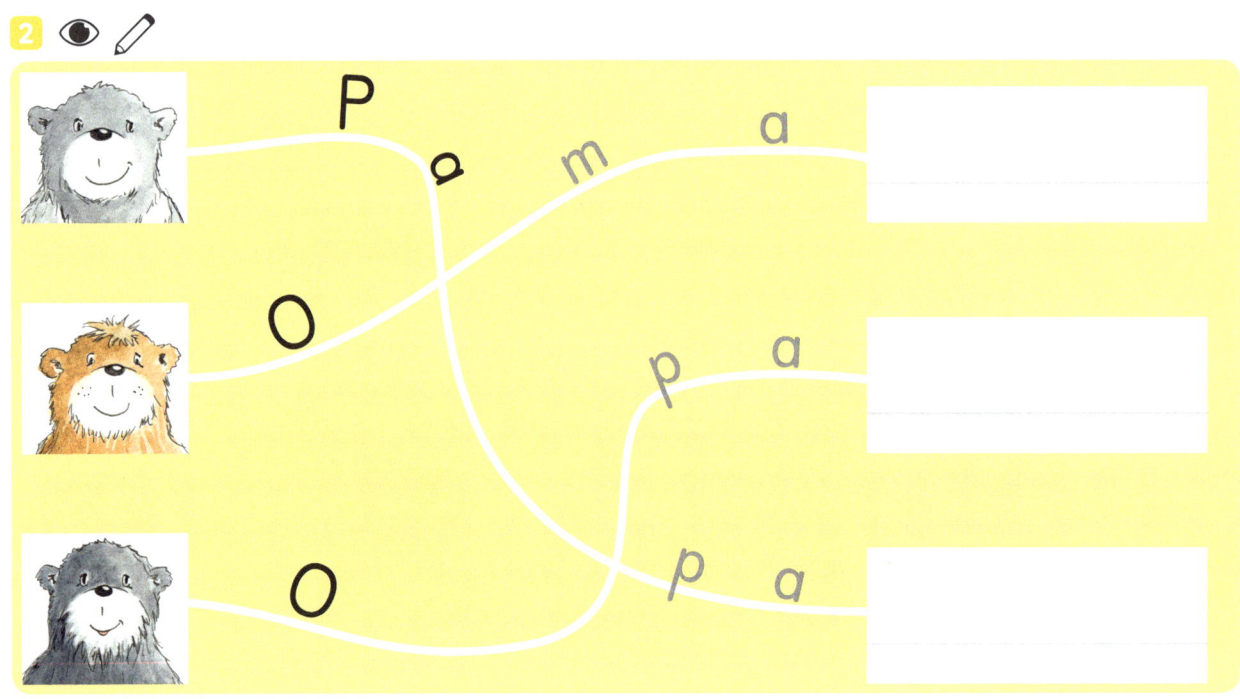

P   a   m   a
O
O   p   a   p   a

P/p – Wort schreiben, Silbenbögen eintragen; Namen zum Bild schreiben

1 ✏️

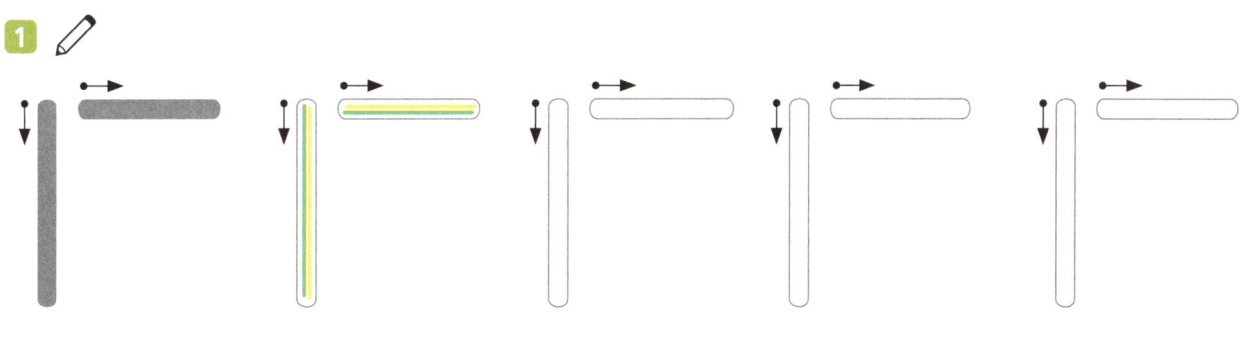

2 ✏️

3 👁️✦✏️

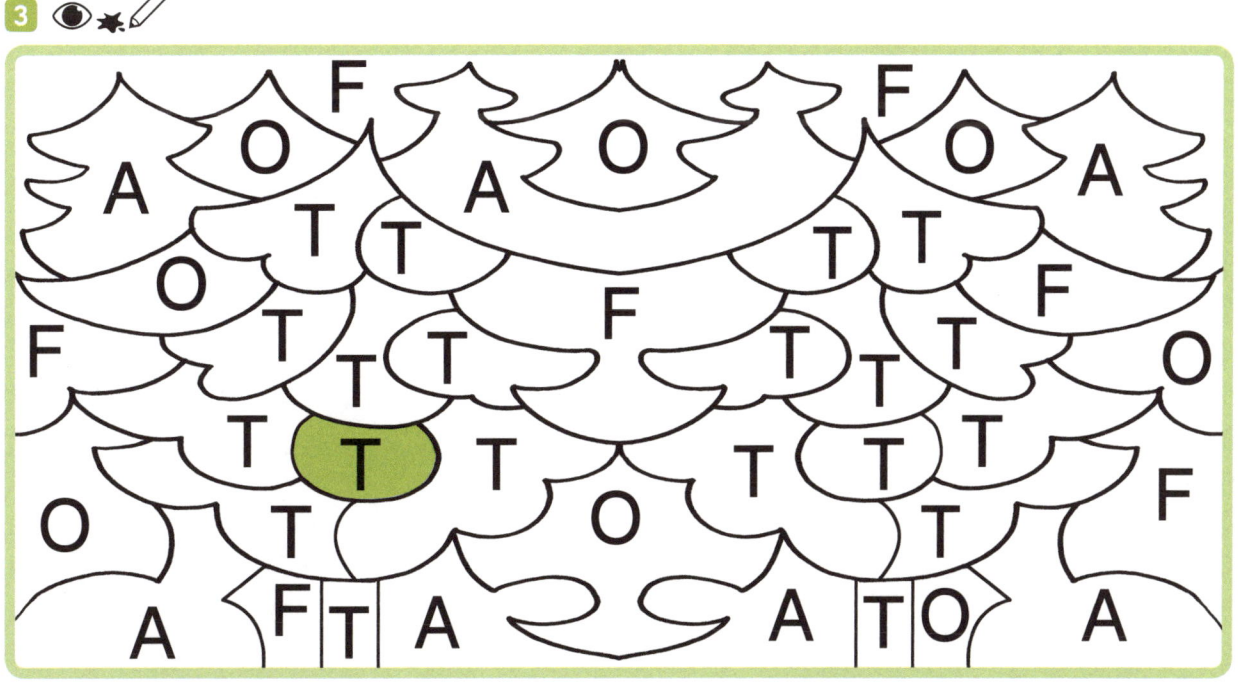

T – Buchstabenelemente/Buchstaben nachspuren, schreiben; visuell diskriminieren

T
t

1 👂 ✗✏️

2 👁️ ✏️ ✏️

Tip		 🐻
Mi		 🐻
Mo		 🐻
Tap		 🐻

1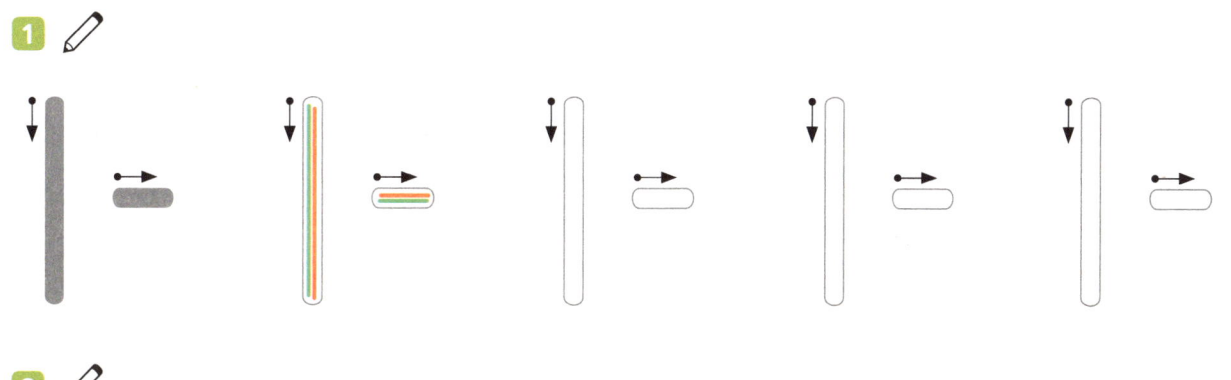

2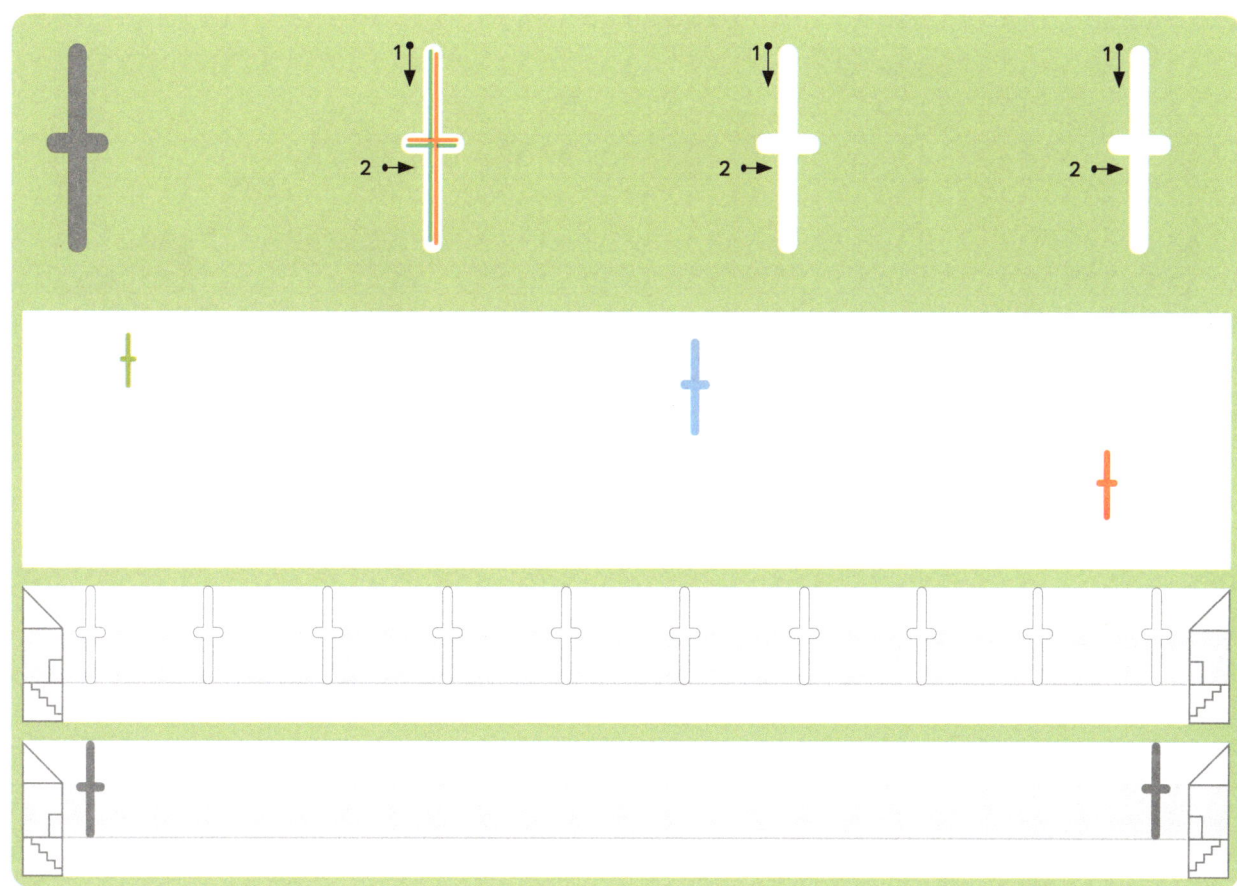

3

T
t

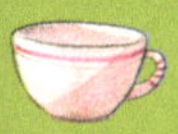

1

Mi

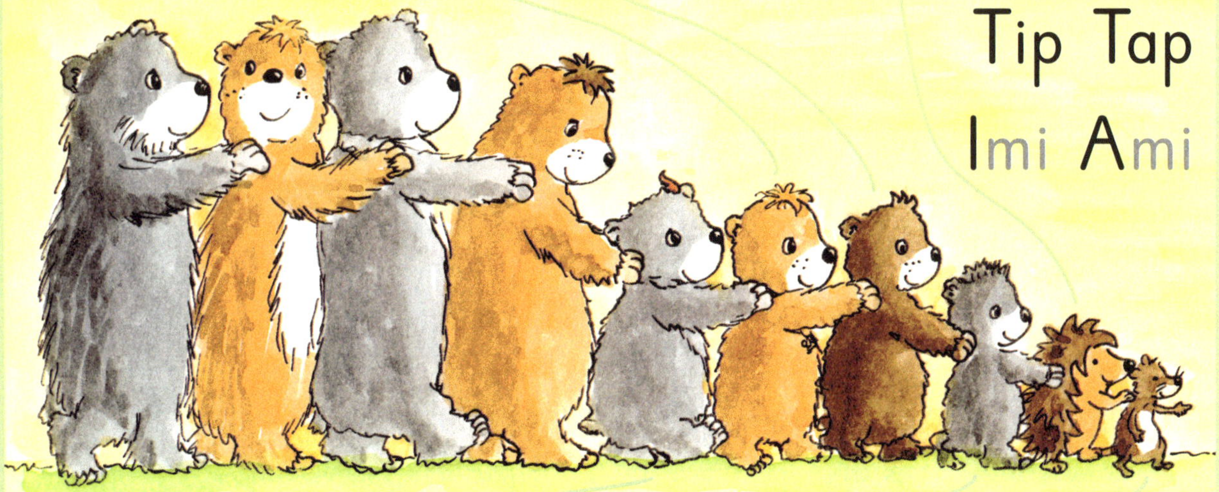

Mi Mo
Tip Tap
Imi Ami

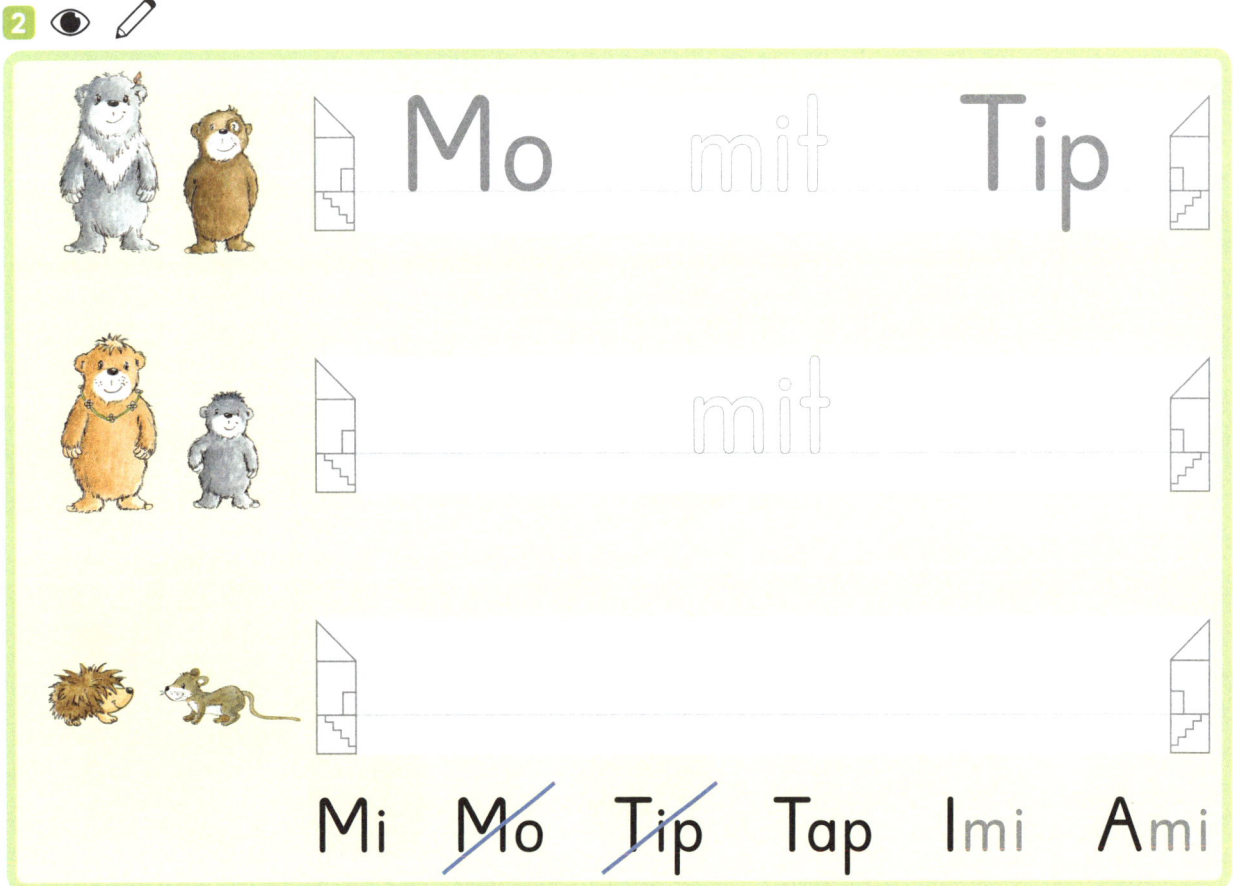

2

Mo mit Tip

mit

Mi Mo Tip Tap Imi Ami

1 ✏

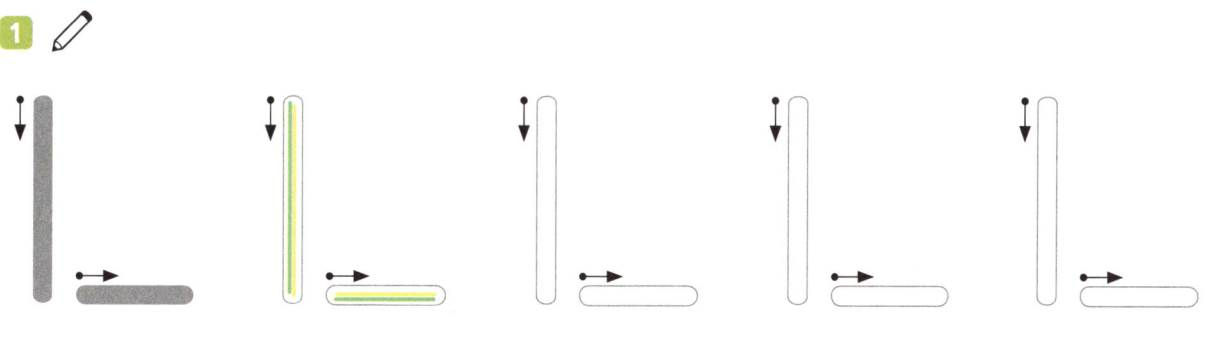

2 ✏

3 👁 ✦✏

L – Buchstabenelemente/Buchstaben nachspuren, schreiben; visuell diskriminieren

29

© Bildungshaus Schulbuchverlage

L
l

1 👂 ✕✏️

2 👁 ✕✏️

☐ Papa
☐ Tap

☐ Lotta
☐ Mama

☐ Oma
☐ Lotta

☐ Tip
☐ Opa

L – Anlaut auditiv analysieren; Wörter lesen, passend ankreuzen

1 ✏️

2 ✏️

3 👂 ✗✏️

l – Buchstaben nachspuren, schreiben; In-/Auslaut auditiv analysieren

1

 Pa	mo	
Li	po	
Po	ma	
La	pa	

2

Lotta malt Lotta.

malt

L~~ull~~u   L~~ott~~a   Tip   Mi   Mo   Lotta

1 ✏️

H H H H

2 ✏️

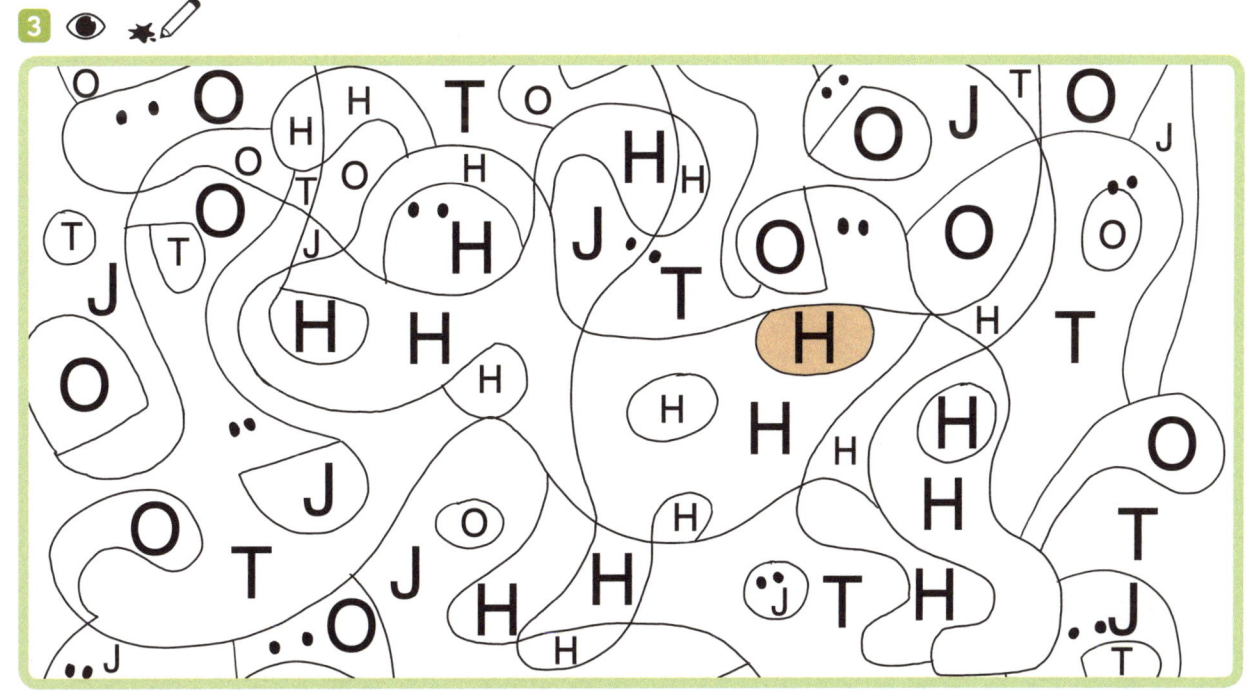

H H H H

H   H

H

H H H H H H H H H H H H

H   H

3 👁 ✦ ✏️

© Bildungshaus Schulbuchverlage

H
h

1

2

1 ✏

ln ln ln ln ln

2 ✏

h h h h

h

h

h

h h h h h h h h h h h

h h

3 👂 ✕ ✏

h

h – Buchstabenelemente/Buchstaben nachspuren, schreiben; Inlaut auditiv analysieren

1 👁 👂 ✏

I i   M m

Tt   Hh   Oo   M~~m~~   Ll   ~~Ii~~   Pp   Aa

2 👁 ✏

Tip holt Lotta.

holt

Mi   Mo   Lo~~tta~~   ~~Tip~~   Imi   Ami

Buchstaben zum Anlautbild schreiben; zu Bildern schreiben

1 ✏️

F F F F F

2 ✏️

F F F

F   F

F

F F F F F F F F F F F F F F F F

F   F

3 👁️⭐✏️

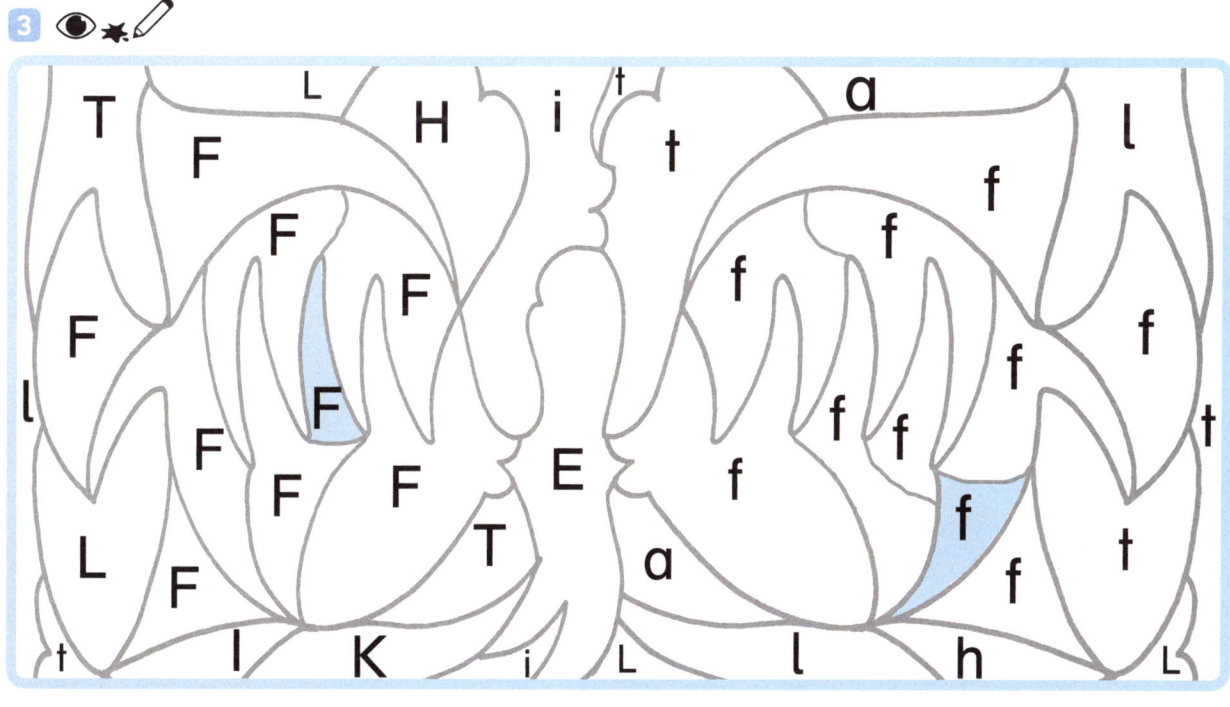

T L H i t a
F   t   l
F   f
F   f
F   F   f
F   F   f
l   f   f
F F F E f   t
L F   T a f t
t l K i L l h L

1

2

Fi   mo

Fo   lo

Li   to

F – Anlaut auditiv analysieren; Wort schreiben, Silbenbögen eintragen

1

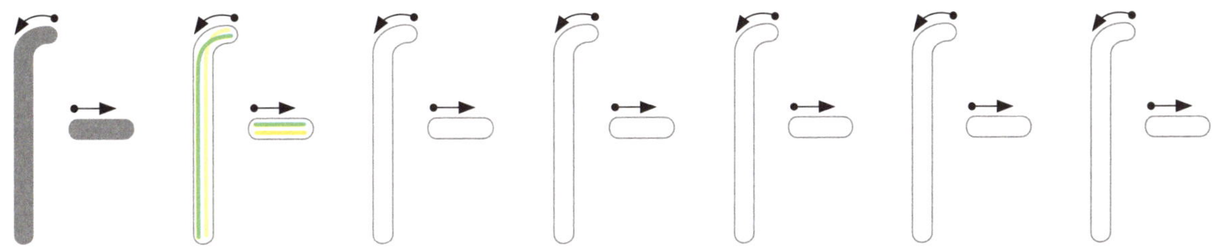

2

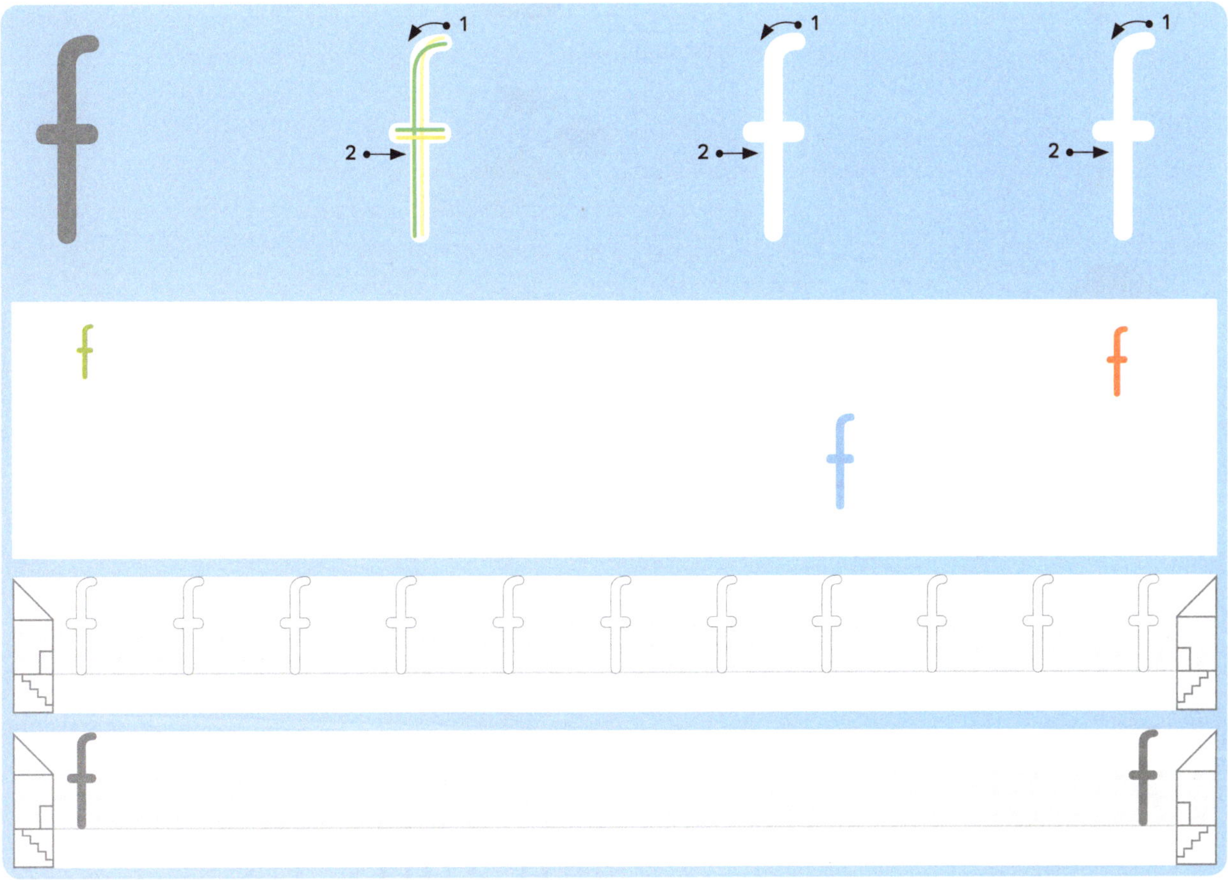

f

f

f

f

1 👁 👂 ✏

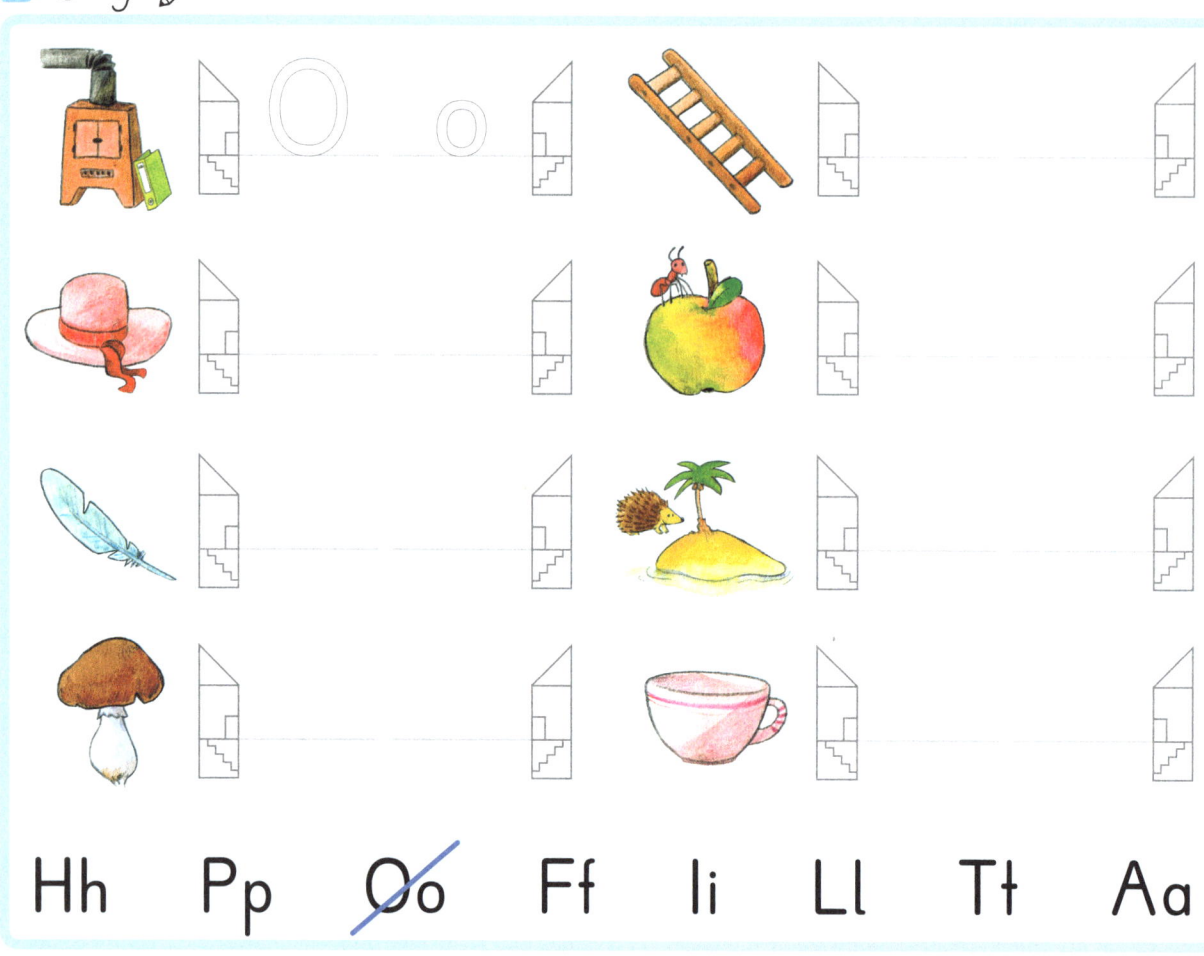

Hh　Pp　O̶o̶　Ff　Ii　Ll　Tt　Aa

2 👁 ✗✏

☐ Mi hilft Filo.

☐ Mi holt Mama.

☐ Tip malt Ami.

☐ Tip hilft Filo.

1 ✎

2 ✎

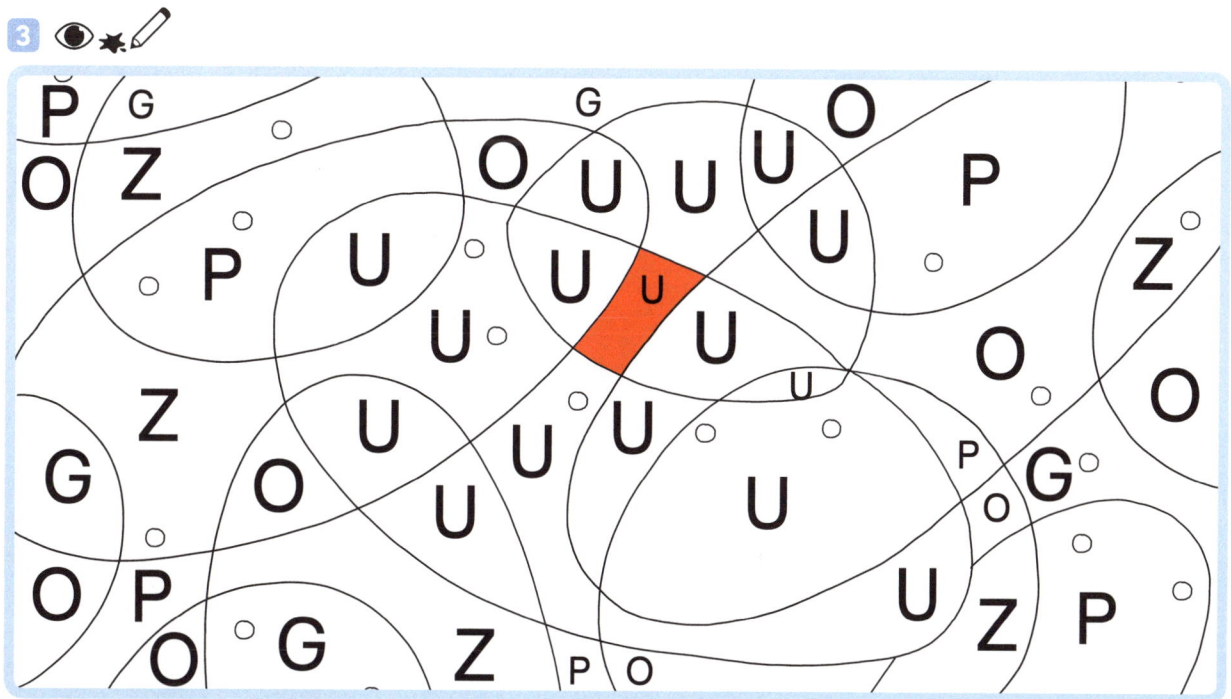

3 👁 ✦ ✎

U – Buchstaben nachspuren, schreiben; visuell diskriminieren

U
u

© Bildungshaus Schulbuchverlage

1

2

© Bildungshaus Schulbuchverlage

1

U U U U U U U U U U U

2

u   u   u   u

u   u   u

u u u u u u u u u u u u

u   u

3

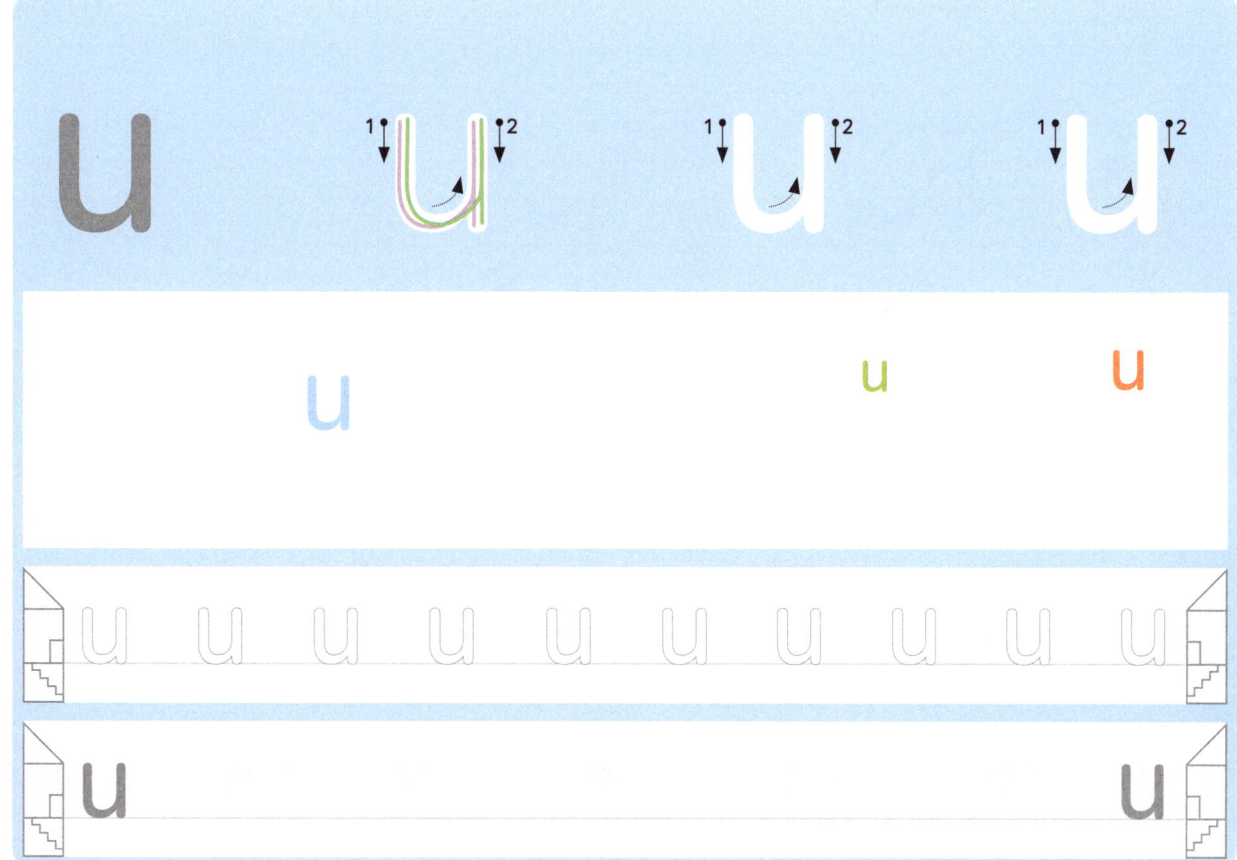

u – Buchstabenelemente/Buchstaben nachspuren, schreiben; In-/Auslaut auditiv analysieren

1

 U ma

 La fo

 Fo hu

 U to

2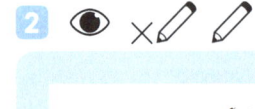

☐ Mama
☐ Mut

☐ Uhu
☐ Ufo

☐ Foto
☐ Filo

Silben zu Wörtern verbinden, schreiben, Silbenbögen eintragen; Wörter lesen, passend ankreuzen

© Bildungshaus Schulbuchverlage

1

2

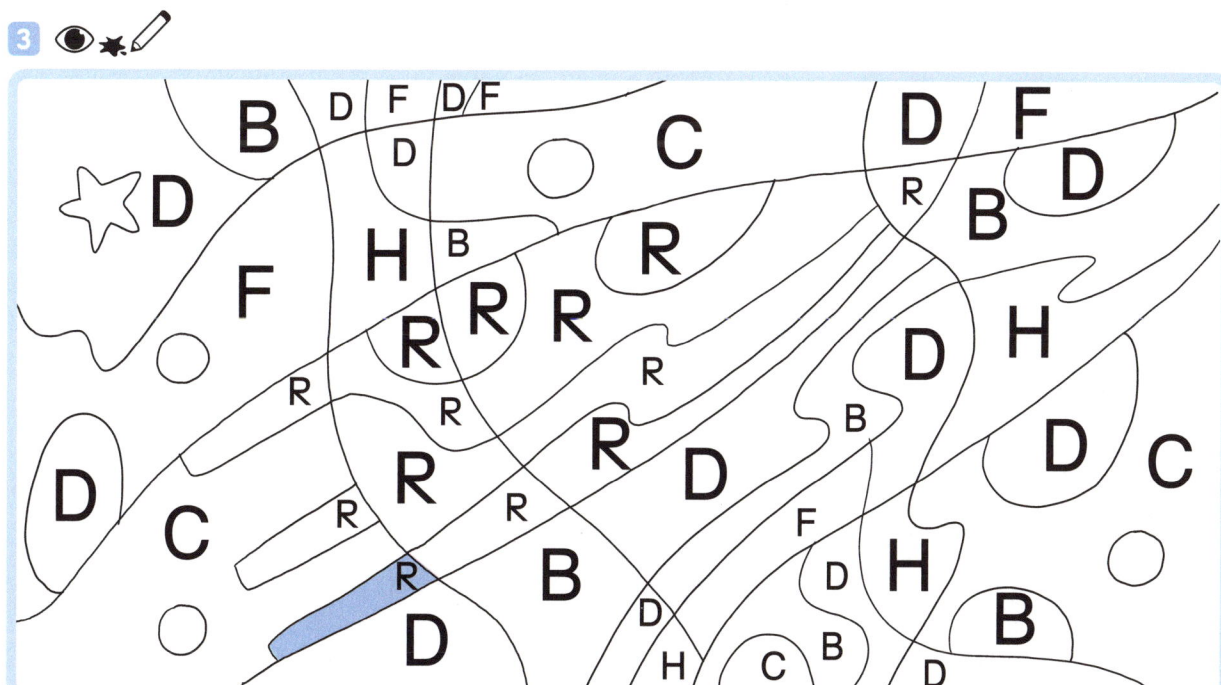

3

R – Buchstabenelemente/Buchstaben nachspuren, schreiben; visuell diskriminieren

1

2

Li — l o

Rol — m a

La — m o

R – Anlaut auditiv analysieren; Wort zum Bild schreiben

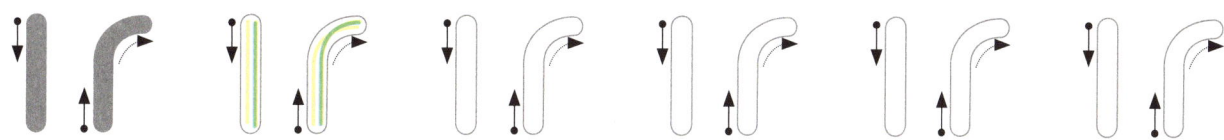

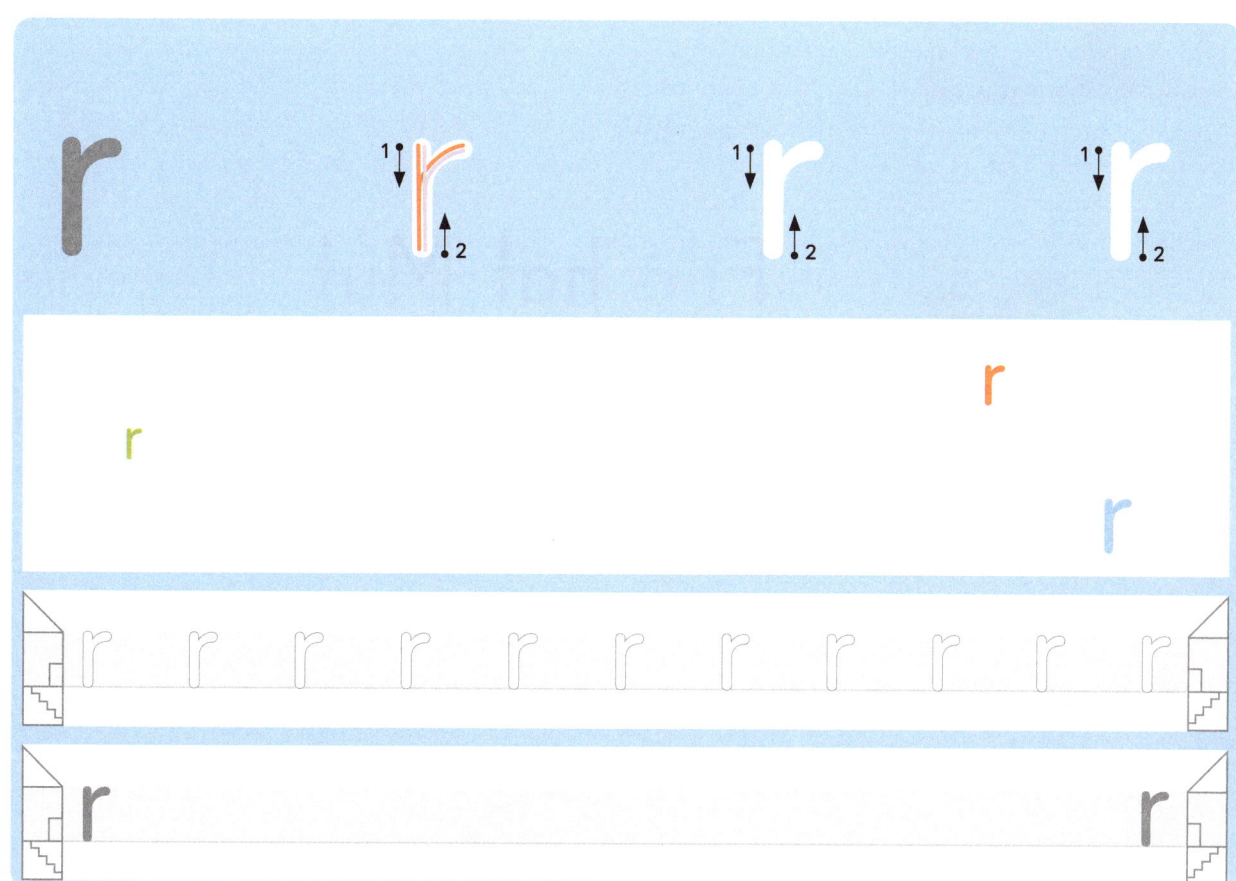

r – Buchstabenelemente/Buchstaben nachspuren, schreiben; Inlaut auditiv analysieren

1 👁 ✗✏️

☐ Uhu ruft: „U hu!"

☐ Uhu malt Filo.

☐ Filo hat Mut.

☐ Mi hat Imi im Arm.

2 👁 👂 ✏️

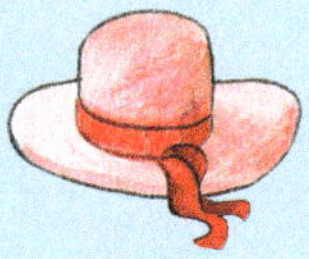

| F | f | | | |

| | | | |

| | | | |

Tt   Ff   Mm   Rr   Hh   Ll

Satz zum Bild ankreuzen; Buchstaben zum Anlautbild schreiben

1 ✏️

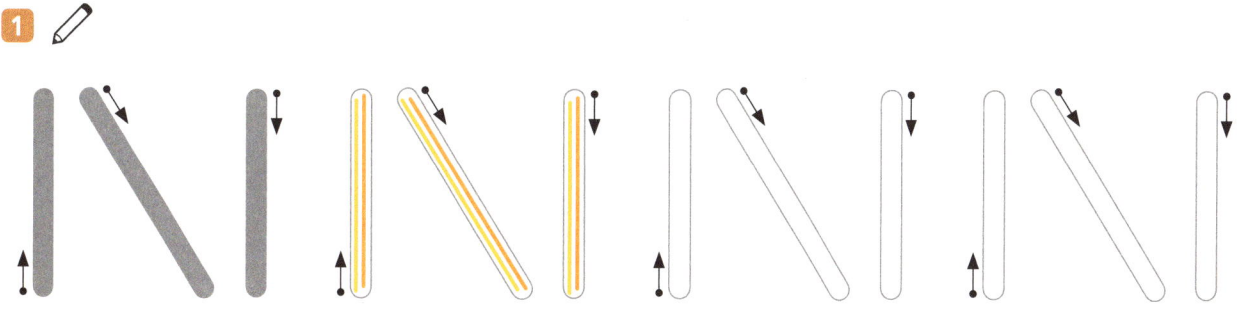

2 ✏️

3 👁️ ✦ ✏️

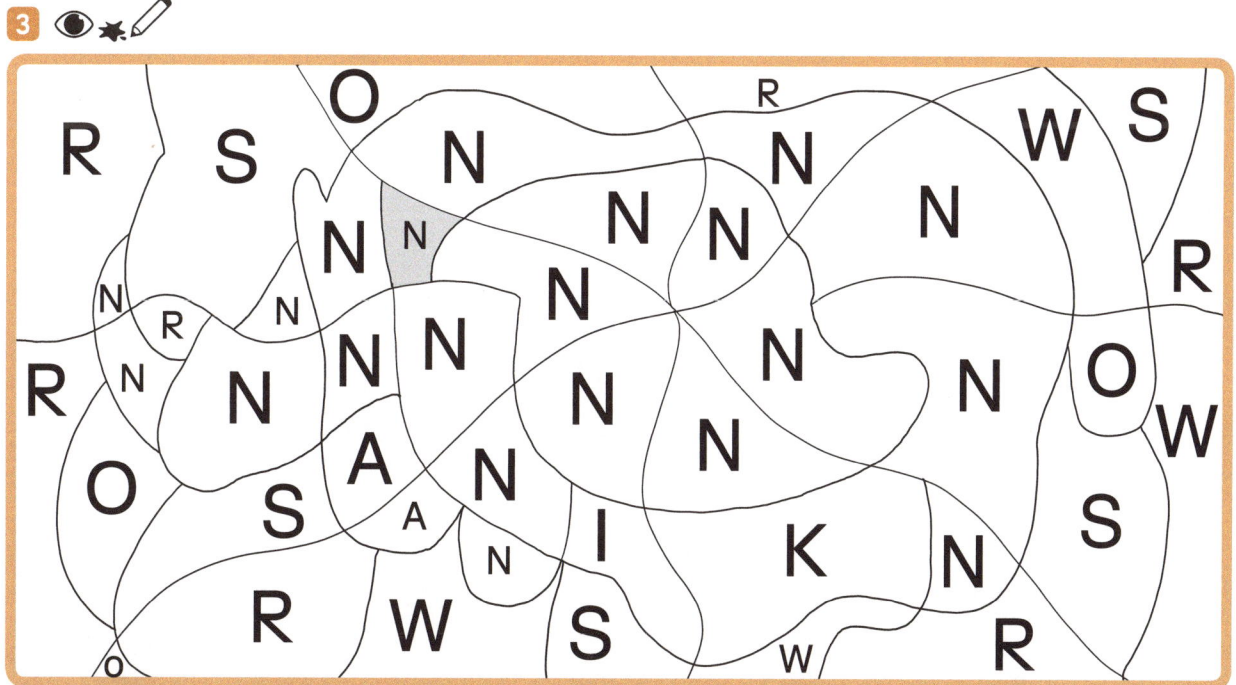

N – Buchstabenelemente/Buchstaben nachspuren, schreiben; visuell diskriminieren

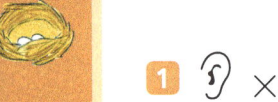

N
n

1

N

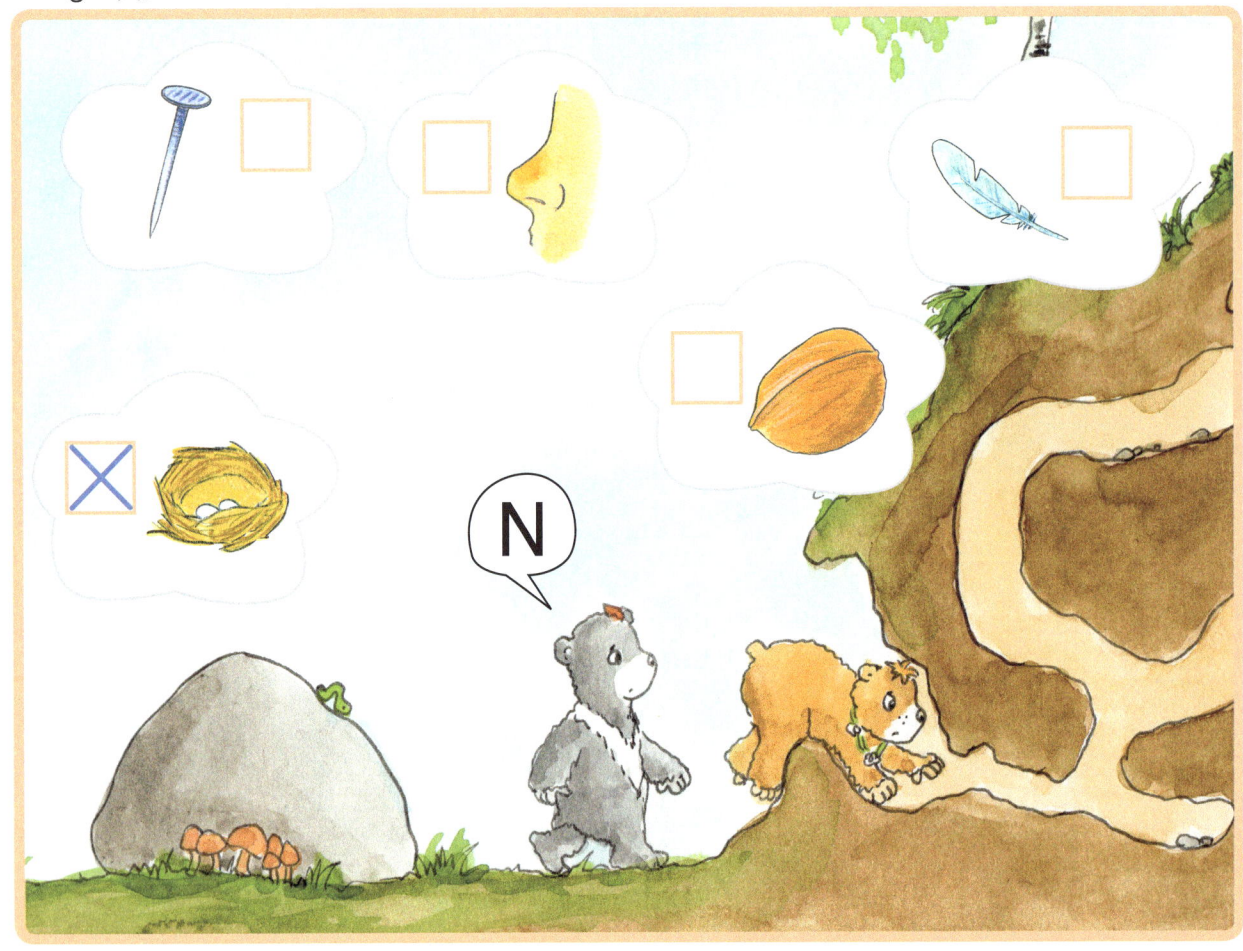

2

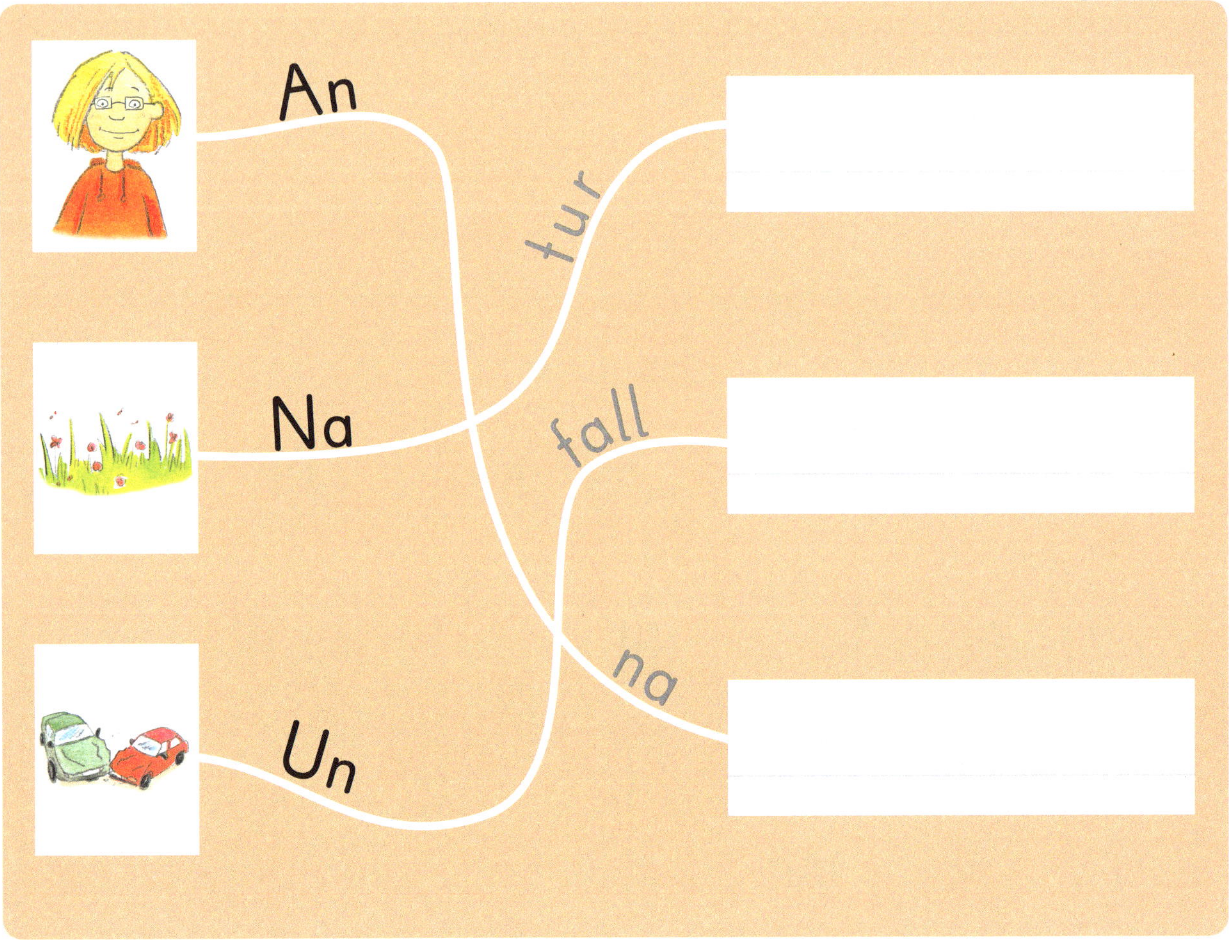
An
Na
Un
tur
fall
na

 N – Anlaut auditiv analysieren; Wort zum Bild schreiben

1 ✏

2 ✏

3 👂 ✗✏

n – Buchstabenelemente/Buchstaben nachspuren, schreiben; Auslaut auditiv analysieren

1 👁 ◡✏ ✏

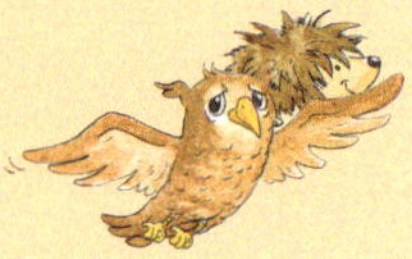

Uhu nimmt Imi mit.

Uhu nimmt Imi mit.

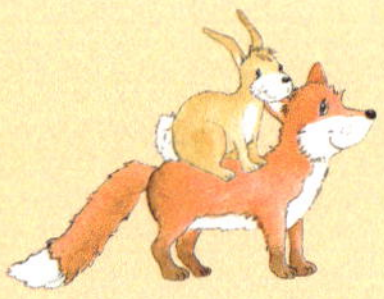

FilonimmtLottamit.

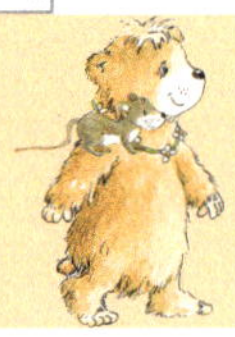

MinimmtAmimit.

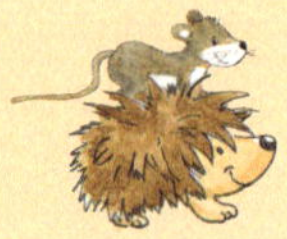

IminimmtAmimit.

2 👁 ✕✏ ✏

☐ Filo ☐ Null ☐ Hut
☐ Farn ☐ Not ☐ Huf

Leseheft herstellen:
Blatt abtrennen, ausein-
ander schneiden, falten,
ineinander legen, heften;
Bilder zuordnen und ein-
kleben, lesen

1

Lotta in Not

Filo nimmt Lotta mit.

4

2

Lotta ruft Mi.
Lotta ruft Mo.

3

Filo hilft Lotta.

54

1 ✏️

S S S S S S

2 ✏️

3 👁️✦✏️

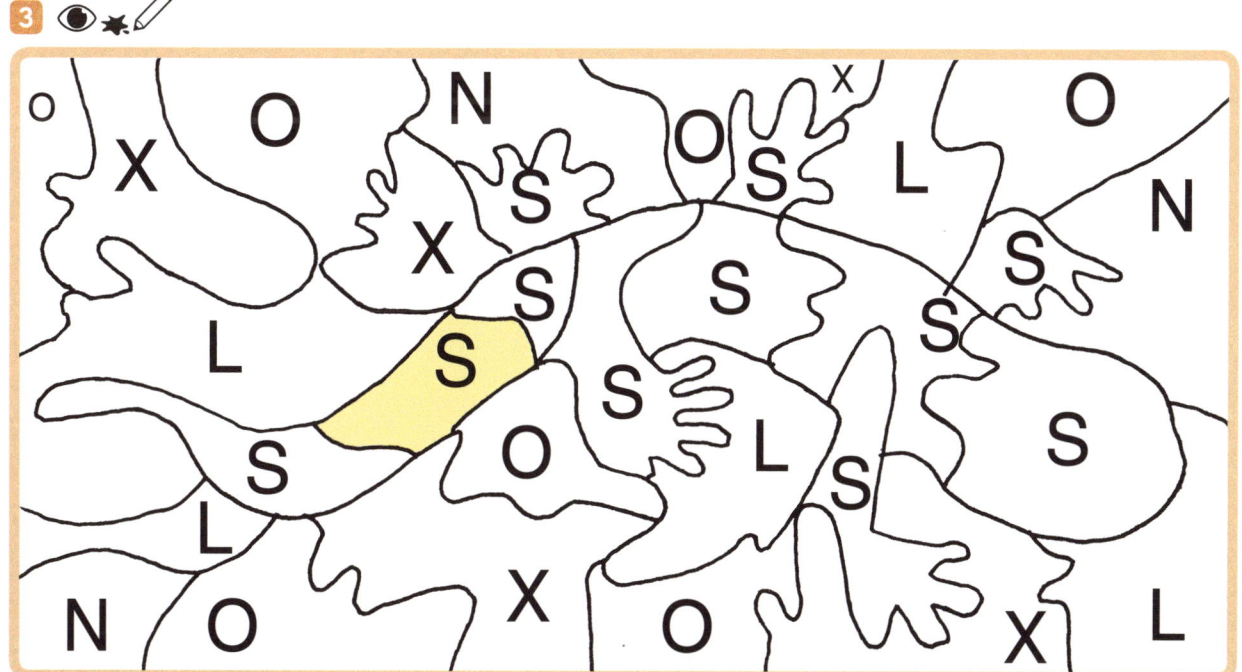

S – Buchstaben nachspuren, schreiben; visuell diskriminieren

© Bildungshaus Schulbuchverlage

S
s

1 👂 ✗✏️

2 👁 ✏️‿✏️

1

S S S S S S S S S S

2

S   S   S   S

S   S

S

s

S S S S S S S S S S

S   S

3

s – Buchstaben nachspuren und schreiben; Inlaut auditiv analysieren

1 👁 ✕✏️ ✏️

☐ Mo turnt mit Lotta.

☐ Lottas Salto ist toll.

☐ Ami malt Lotta.

2 👁 👂 ✏️

Hh N̸n̸ Ff Uu Rr Ss

1 ✏️

2 ✏️

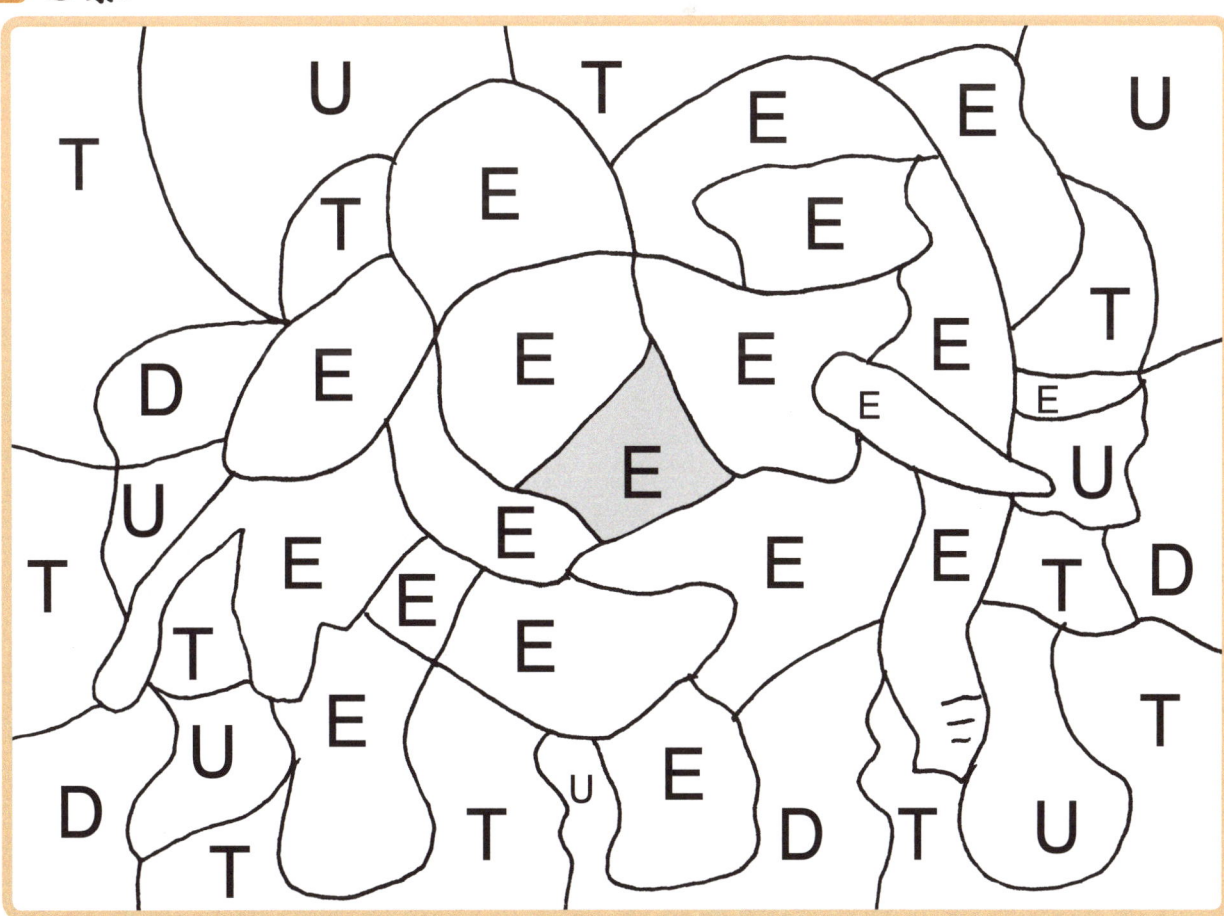

3 👁️✦✏️

1

2

Uhu ruft: „Hallo!"

Er holt Hilfe.

Er umarmt Filo.

1

2

3

1 👁 ✏ ✏

E   tern   ‿‿

En   sel

Els   te

El   ter

2 👁✗✏ ✏

☐ Ente
☐ Esel

☐ Eltern
☐ Elefant

☐ Elster
☐ Esel

Silben zu Wörtern verbinden, aufschreiben, Silbenbögen eintragen: Wörter lesen, passend ankreuzen, aufschreiben

1

2

D

D

D

3

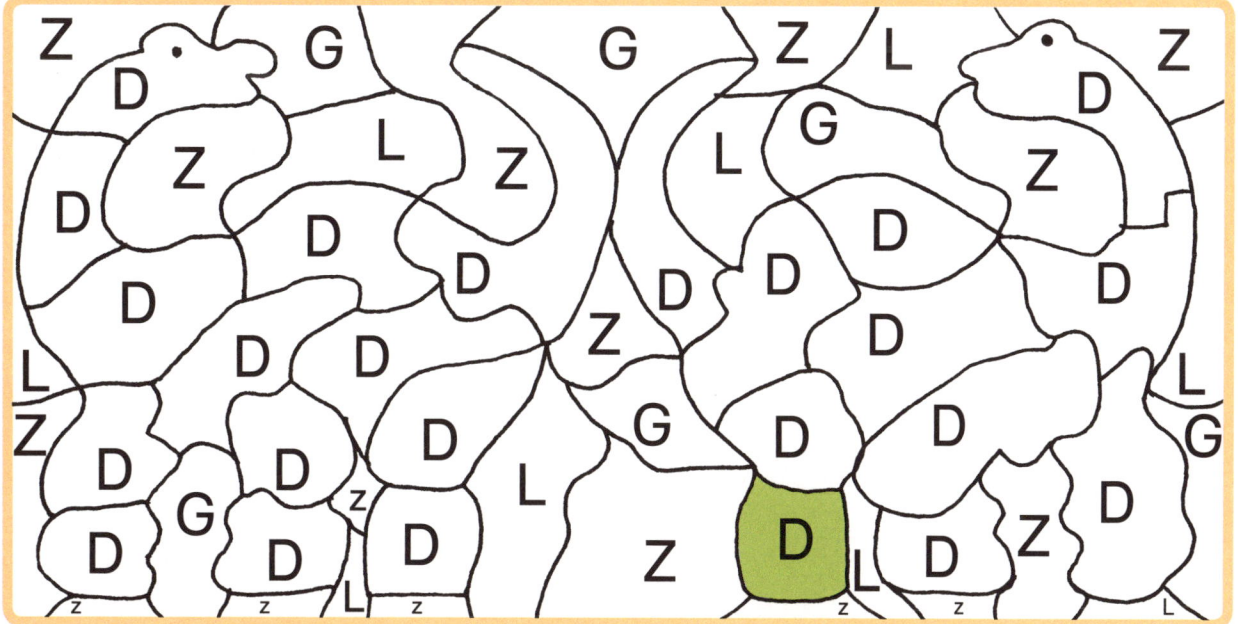

D - Buchstabenelemente/Buchstaben nachspuren, schreiben; visuell diskriminieren

1 👂 ✗✏️

2 👁 ✏️ ‿✏️

	Do	fin	‿ ‿
	Di	se	
	Del	no	

D Anlaut auditiv analysieren; Silben zu Wörter verbinden, aufschreiben, Silbenbögen eintragen

1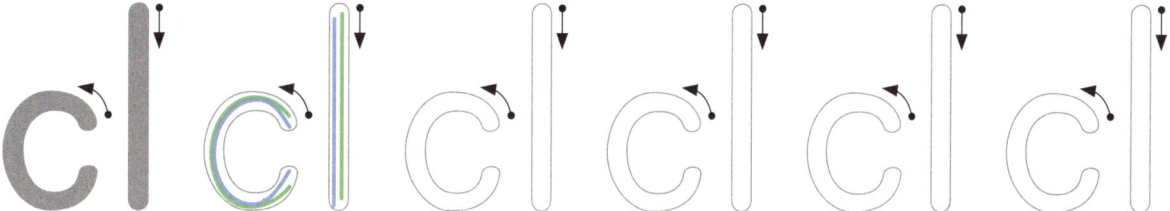

2

3

d - Buchstabenelemente/Buchstaben nachspuren, schreiben; Inlaut auditiv analysieren

D
d

1

Der Mond ist am Himmel.

Er ist hell und rund.

2 👁 ✕ ✏ ✏

☐ **Dino**
☐ **Dose**

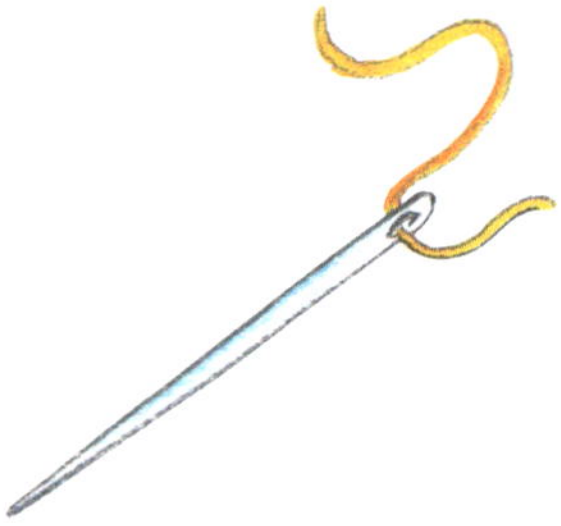

☐ **Nase**
☐ **Nadel**

☐ **Esel**
☐ **Erde**

Bild zum Text ergänzen/malen; Wörter lesen, passend ankreuzen und aufschreiben

D
d

Leseheft herstellen:
Blatt abtrennen,
auseinander schnei-
den, falten, in rich-
tige Reihenfolge
bringen, heften;
Bildteile zuordnen,
einkleben; lesen

Am Fluss

8

1

Filo rennt hinter Lotta her.
Er ruft: „Hallo! Hallo!"

Im Sand
sind seltsame Muster.

6

3

Mi und Mo rennen
an den Fluss hinunter.

2

Sofort rennen alle Enten
in den Fluss.

7

Mi und Mo sind ratlos.

4

Nanu!
Da sind Enten im Sand.

5

2 ✏

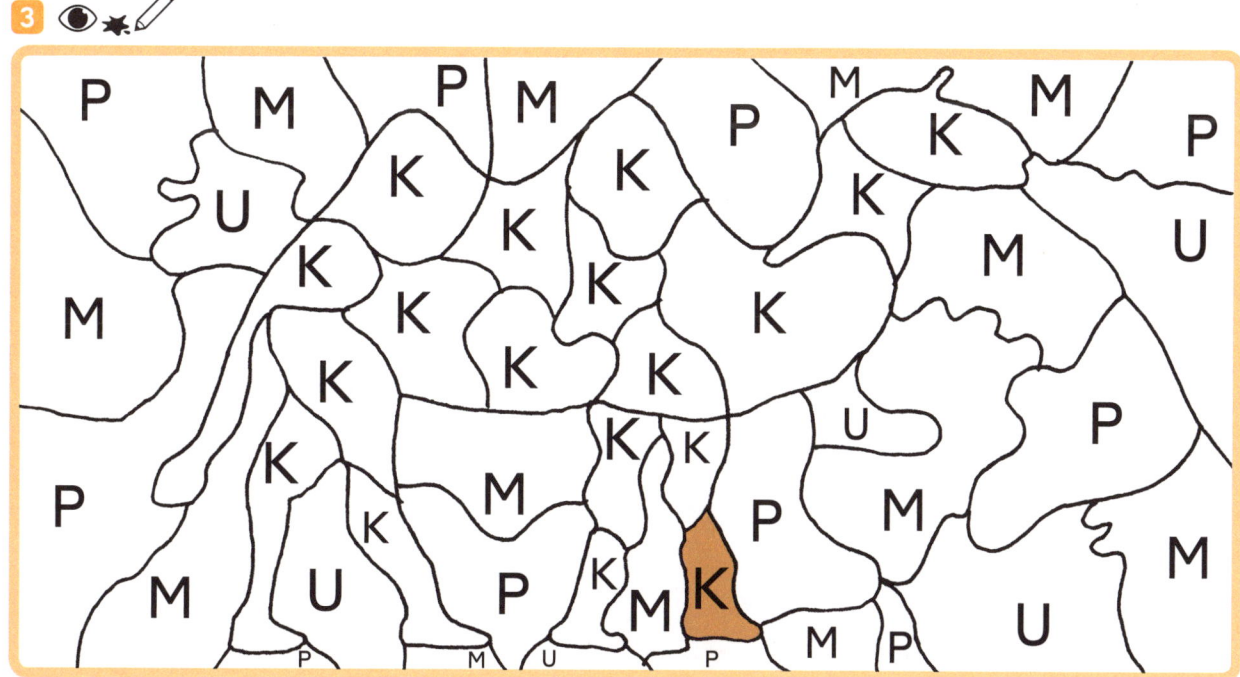

3 👁 ✦ ✏

K - Buchstabenelemente/Buchstaben nachspuren, schreiben; visuell diskriminieren

1 👂 ✗✏️

2 👁 ✗✏️✏️

☐ **Kanu**
☐ **Kamm**

☐ **Kino**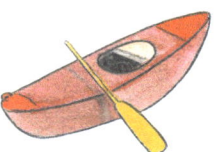
☐ **Kanu**

☐ **Kater**
☐ **Kamel**

☐ **Kissen**
☐ **Kind**

K - Anlaut auditiv analysieren; Wörter lesen, passend ankreuzen und aufschreiben

1 ✏️

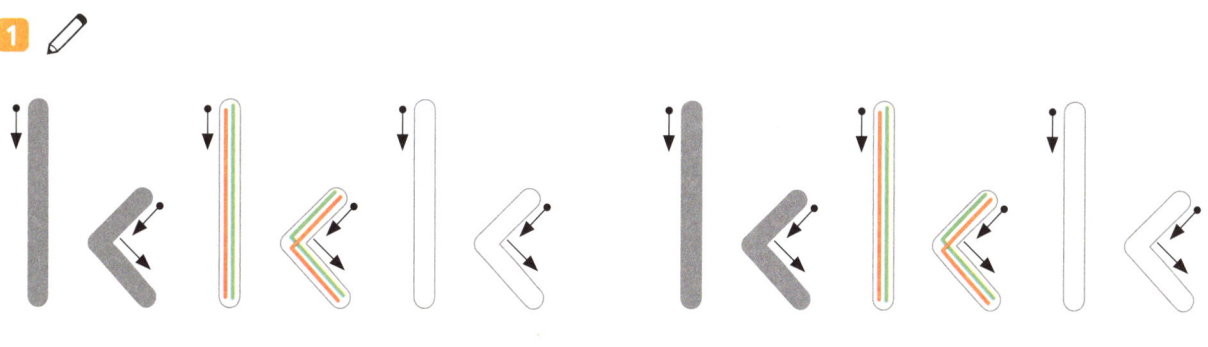

2 ✏️

3 👂 ✗✏️

K/k - Buchstabenelemente/Buchstaben nachspuren, schreiben; Inlaut auditiv analysieren

1 👁 ✕✏ ✏

☐ Fremde kommen.

☐ Das Kind malt Luft.

☐ Lotta rennt hin.

2 👁 ✏ ﹏✏

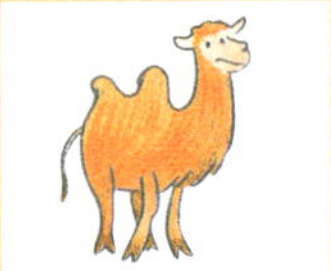	Ka	ken	‿‿
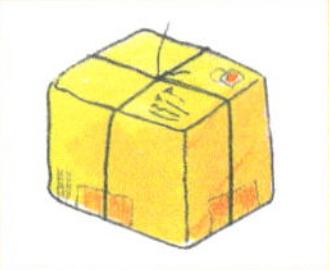	Pa	no	
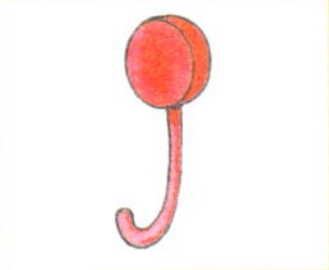	Ha	ket	
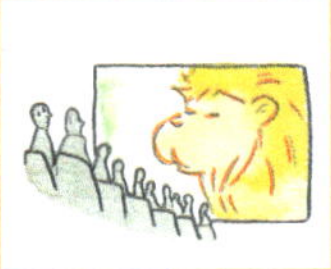	Ki	mel	

Sätze passend zum Bild ankreuzen und schreiben; Silben zu Wörtern verbinden, schreiben, Silbenbögen eintragen

◉

Kamel	Paket
Rakete	Koffer
Kanu	Kamm

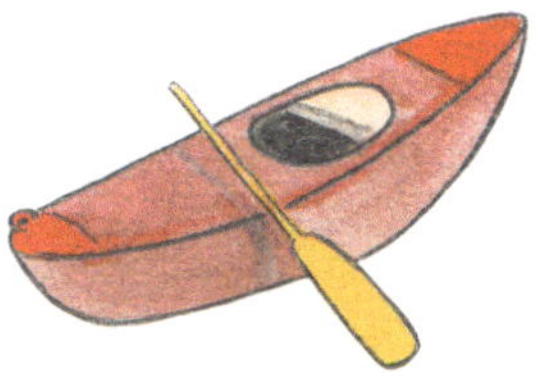

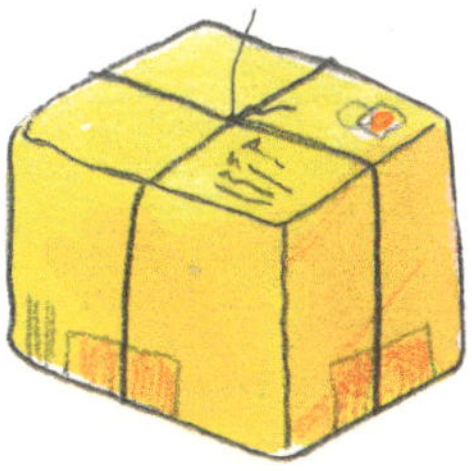

Wörter und Sätze lesen, ausschneiden, Bildern richtig zuordnen und einkleben

K
k

Mi klettert.	Tap hat Mut.
Mo malt Tip.	Uhu kommt.
Tip hilft Filo.	Mo malt Mo.

1

W W W W

2

3

y X N u n V
V U W U z N
n M X
W w
V y u Z X y
U w W w M
W W w v m w
n W W w m M
N w x y
N M W X V
u y M z y n x
z n m V N y m
n u x N M y m

1

2

W – Anlaut auditiv analysieren; Wörter passend zu Bildern ankreuzen und schreiben

1 ✏️

 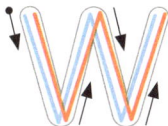   

2 ✏️

3 👂 ✗✏️

1 👁 ✏️

Mi ist im Wasser.
Der Uhu wird nass.
Er ruft:
„Mi, lass das!"

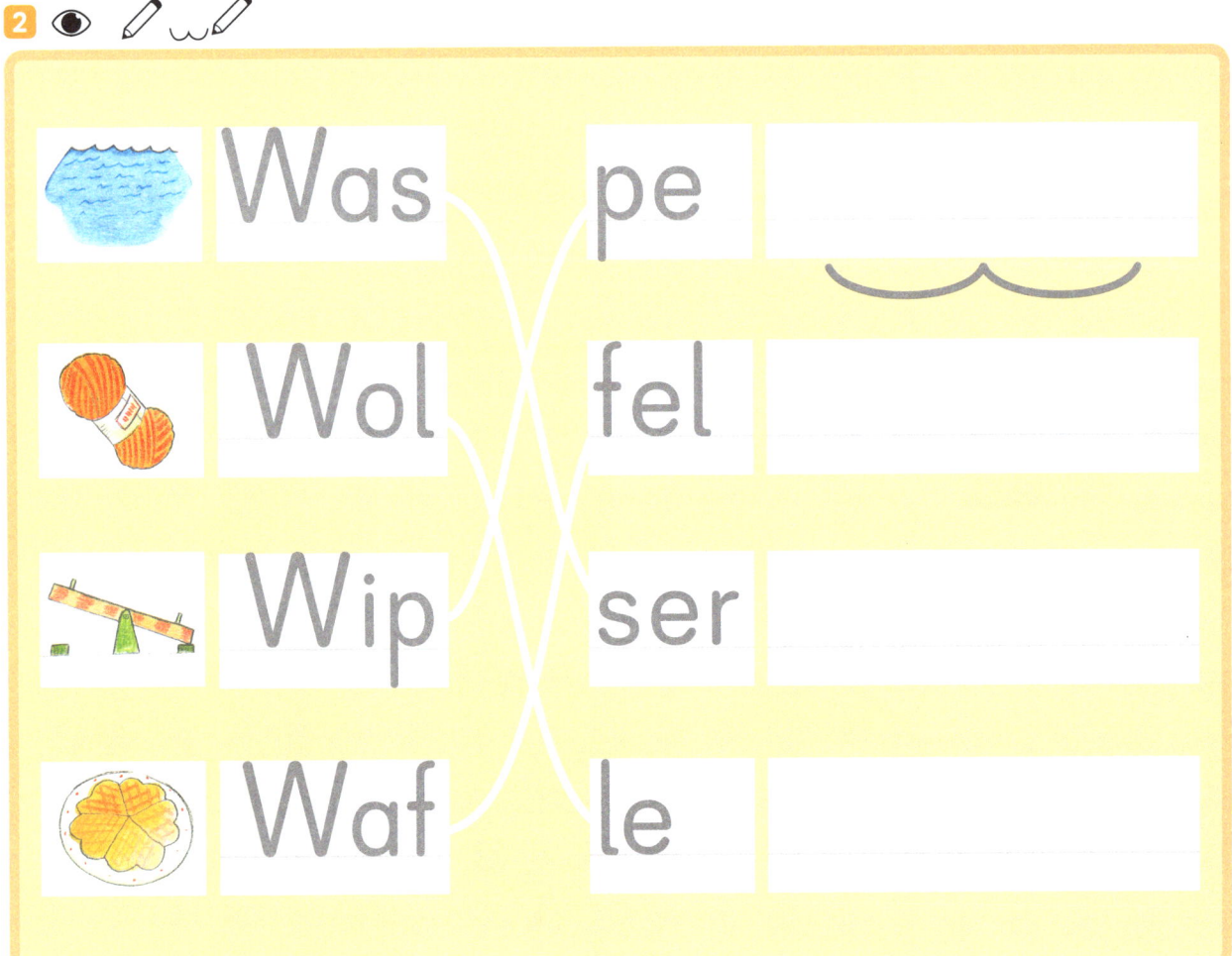

2 👁 ✏️ ⌣✏️

Was	pe	
Wol	fel	
Wip	ser	
Waf	le	

Bild zum Text ergänzen/malen; Silben zu Wörtern verbinden, schreiben, Silbenbögen eintragen

Wurst	Wolke
Wolf	Wald
Wippe	Wanne

Wörter und Sätze lesen, ausschneiden, Bildern richtig zuordnen und einkleben

Uhu wird nass.	Lotta rennt los.
Mama und Mo baden.	Alle wandern los.
Mi findet Federn.	Mo trinkt Wasser.

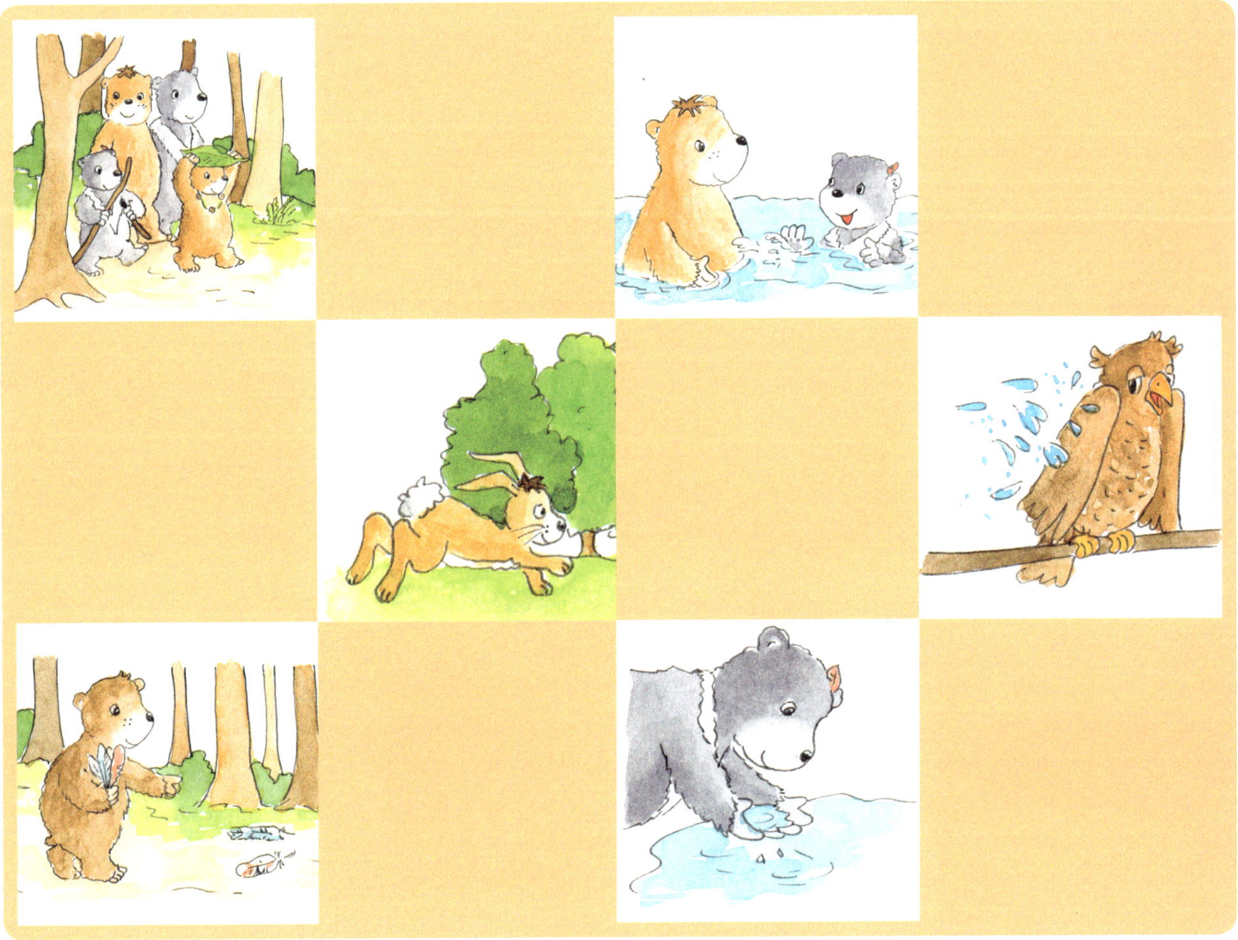

Arbeitsheft Inklusion
Teil B

Löwenzahn

Werkstatt für das Lesen- und Schreibenlernen

Herausgegeben und erarbeitet
von Jens Hinnrichs

unter Mitarbeit von
Christiane Müller und Brigitte Stöcker.

Mit Illustrationen von
Matthias Berghahn, Antje Hagemann,
Carmen Hochmann, Stefanie Klaßen
und Stephanie Stickel.

Schroedel

Inhaltsübersicht

Zeichenerklärung

 Schreibe.

Verbinde.

Kreuze an.

Male aus.

Kreise ein.

Schwinge Silben.

Lies. / Schau genau.

Hör genau.

1 👁 ✏

Ei	Ei
ei	ei
🥚 ein Ei	
🥚🥚 drei Eier	
🥚 kein Ei	

2 👂 ✗✏

Ei/ei – Buchstaben und Wörter schreiben; Anlaut bzw. In-/Auslaut auditiv diskriminieren

3

1 👁 ✗✏

☐ Eimer
☐ Eisen

☐ Kreise
☐ Kreide

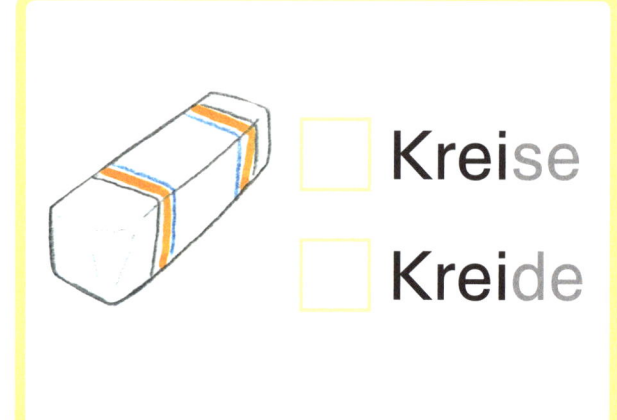

☐ Meile
☐ Meise

☐ Leiter
☐ Leine

2 👁 ✏ ‿✏

Ei — mer

Krei — de Kreide

Lei — ter

Mei — se

ähnliche Wörter lesen, Bild zuordnen (ankreuzen); Silben zu Wörtern verbinden, schreiben, Silbenbögen eintragen

 **Anna**

ein Eis.

hat

 **Tim**

kein Eis.

2 👁 ✏️

Das ist ein .

Das ist ein .

Das ist ein .

Ei
ei

Ei
ei

1 👁 ✏️

Sinn ✗ oder Unsinn ✗ ?

☐ Eier rennen.

☐ Eis ist kalt.

☐ Ameisen lesen.

2 👁 ✏️

Anna isst ein Eis.

3 👁 ✏️

eine Meise

____ Leiter

____ Eimer

Sinn und Unsinn unterscheiden; Bild zum Text ergänzen/malen; ein/eine zu Nomen ergänzen

Tim wartet an der Ampel.	Anna hat ein Eis.
Murat isst Tomaten.	Mama holt die Leiter.
Oma hat einen Hut.	Maria malt den Mond.

1 👁

Sätze lesen, ausschneiden, Bildern zuordnen und aufkleben

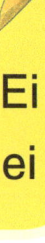

1 👁

Was ist rot?	Wer hat Federn?
Was ist kalt?	Was hat Dornen?
Was ist am Himmel?	Was ist im Nest?

1 👁 ✏

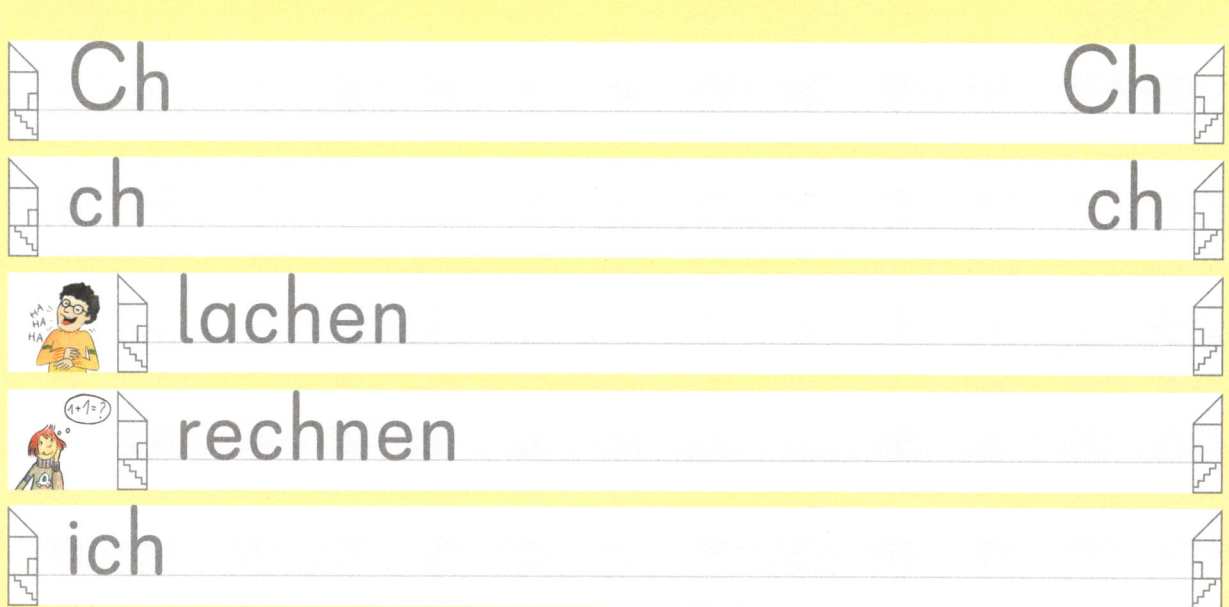

ch Ch Ch ch ch

Ch   Ch

ch   ch

lachen

rechnen

ich

2 👁 ✏✏

Teich

Milch

Licht

Tuch

Kuchen

Dach

Ch/ch – Buchstaben und Wörter schreiben; Bilder und Wörter verbinden, Wörter aufschreiben

© Bildungshaus Schulbuchverlage

Ch
ch

1 👁 ✏️ ⌒✏️

Kir — cher   Locher

Lo — che

Ei — chen

Ku — chel

2 👁 ⌒✏️ ✏️

Micha rechnet.

Drei Kinder lachen.

© Bildungshaus Schulbuchverlage

1

Der kleine Drache
findet ein Heft.

Im Heft sind
drei Drachen.

Der Hase und
der Drache lesen.

2 👁 ✏

Hase

Drache

Der kleine

und der

machen eine Reise.

1 👁 ✗✎

Drachen Dach Kirche Eiche Teich

2 👁 ✦✎

Der Drachen lacht.

3 👁 ✦✎

Der Wichtel
hat eine rote Nase.

ch – Wörter Bildelementen zuordnen, Nummern eintragen, Bilder anmalen; Sätze lesen, Bilder ergänzen (malen)

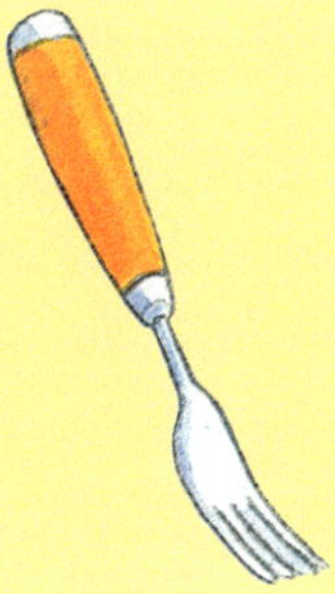

G G G g g g

G · G

g · g

Garten ·

Gras ·

sagen ·

2 👂 ✕ ✏

G/g – Buchstaben und Wörter schreiben; Anlaut bzw. Inlaut auditiv diskriminieren

1

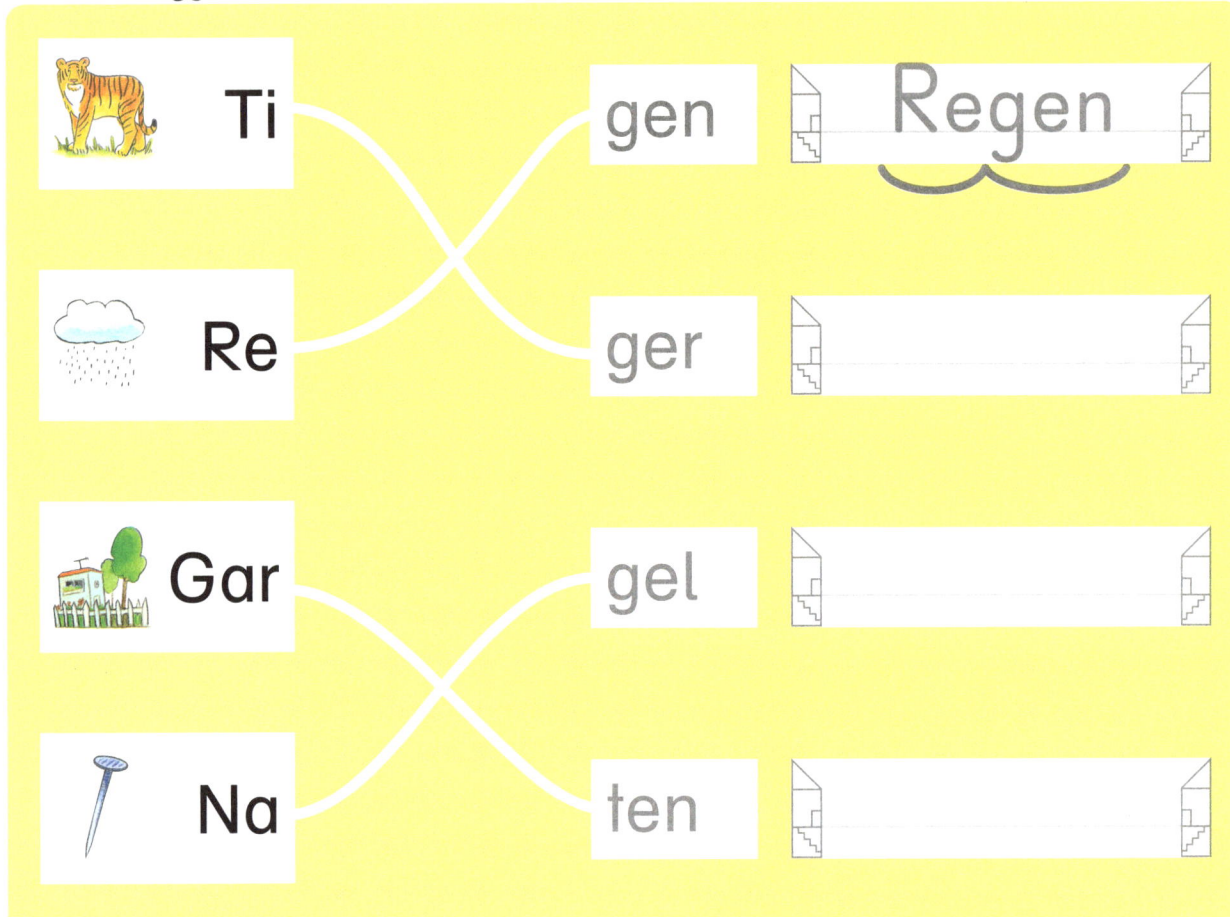

Ti	gen	**Regen**
Re	ger	
Gar	gel	
Na	ten	

2

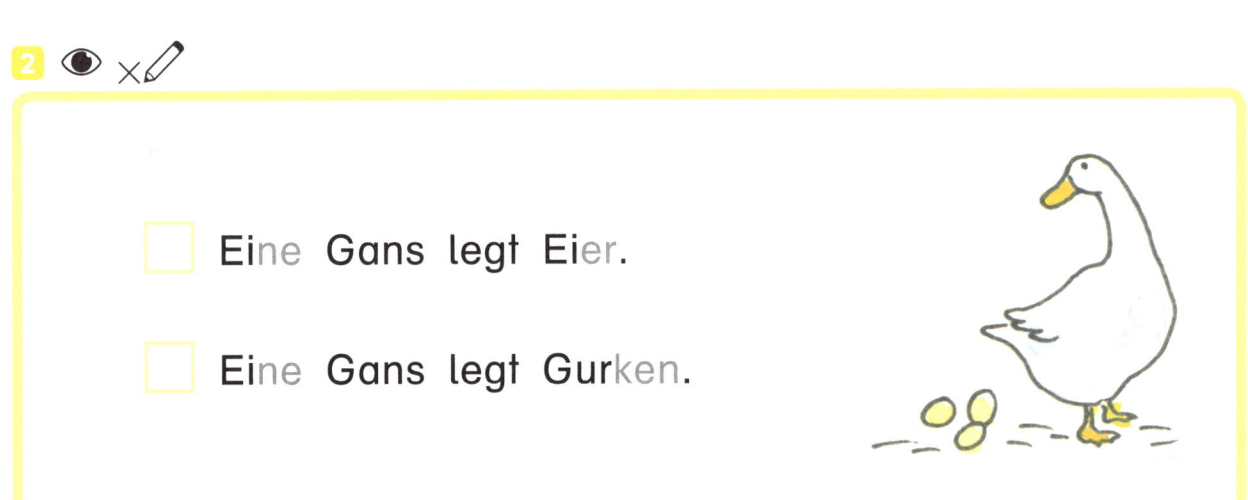

☐ Eine Gans legt Eier.

☐ Eine Gans legt Gurken.

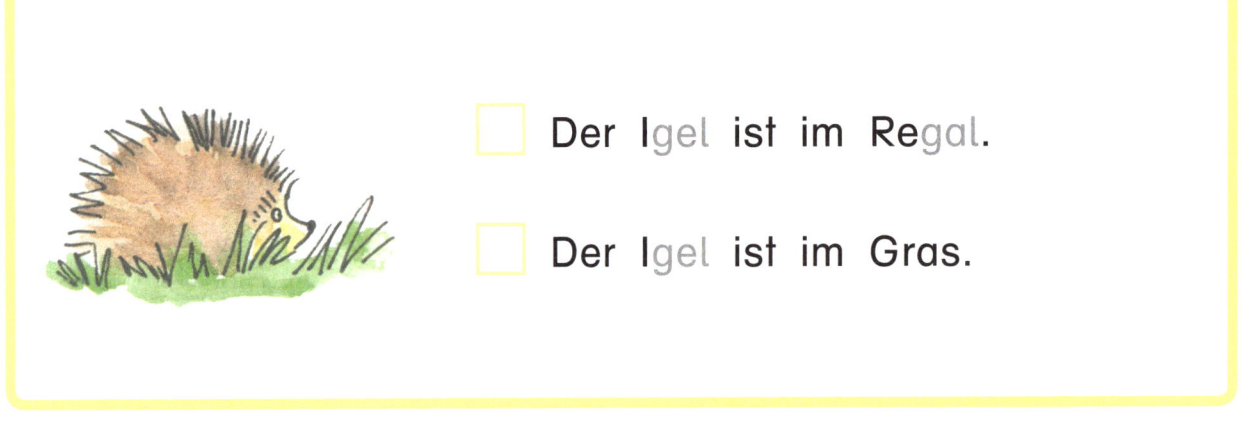

☐ Der Igel ist im Regal.

☐ Der Igel ist im Gras.

1

 **Anna**   **den Garten.**

malt

 **Murat**   **eine Gurke.**

2 👁 ✏

Das hat Leon im Garten:

_____ **und**

eine _____ .

 Seife

 Gras

 Giraffe

G
g

1

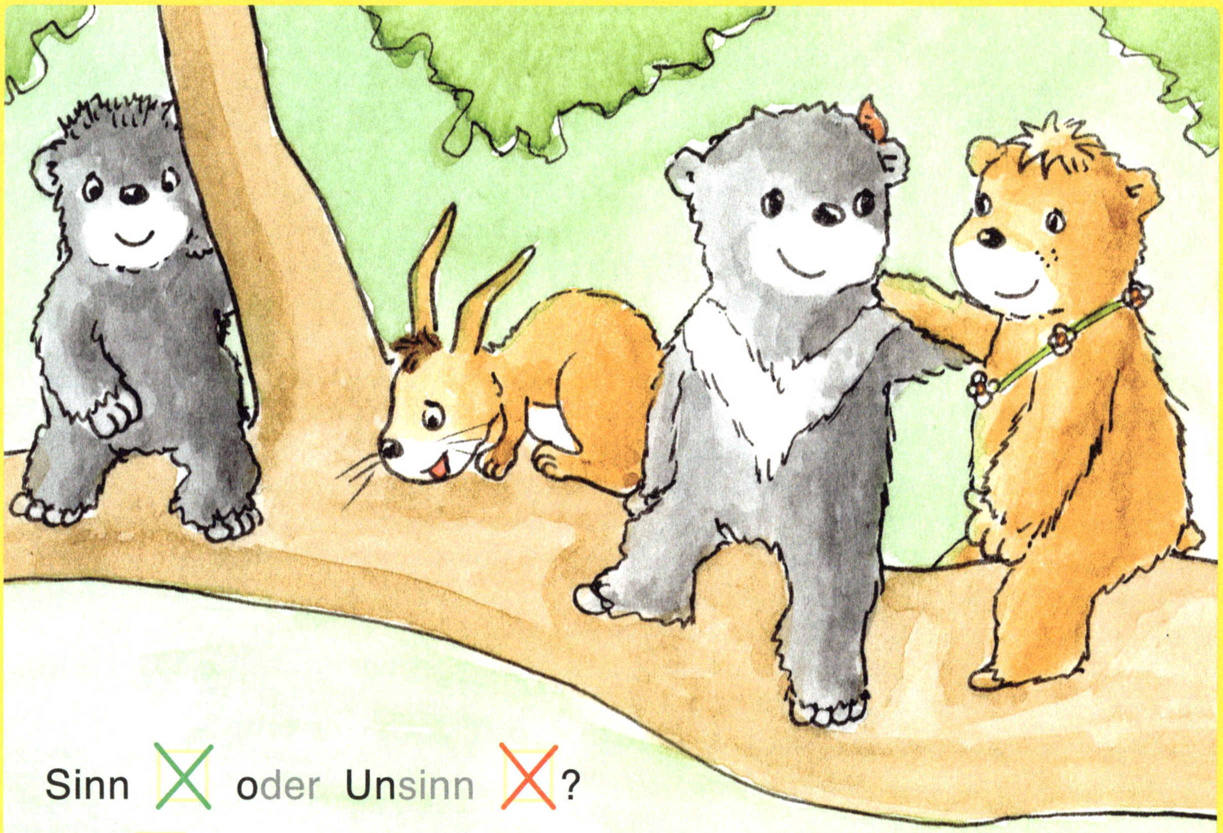

Sinn ☒ oder Unsinn ☒ ?

☐ Gras ist rot.

☐ Eine Gans hat Federn.

☐ Giraffen legen Eier.

2

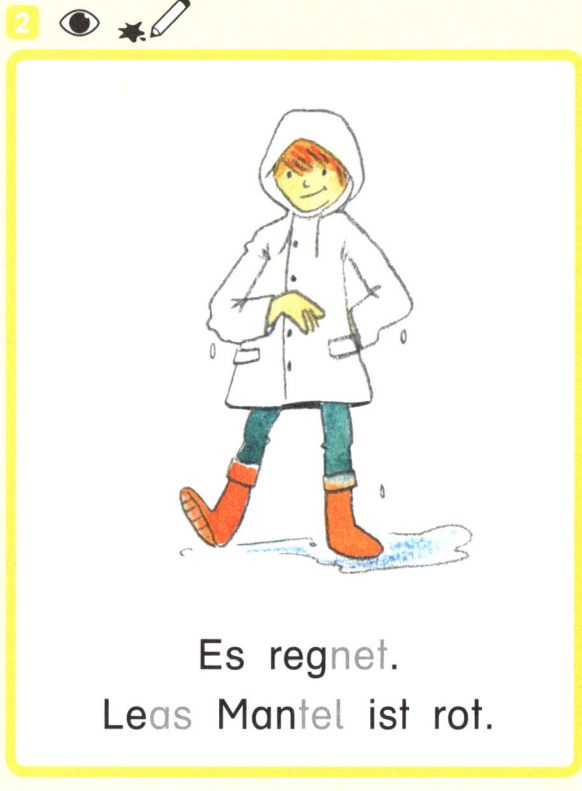

Es regnet.
Leas Mantel ist rot.

3

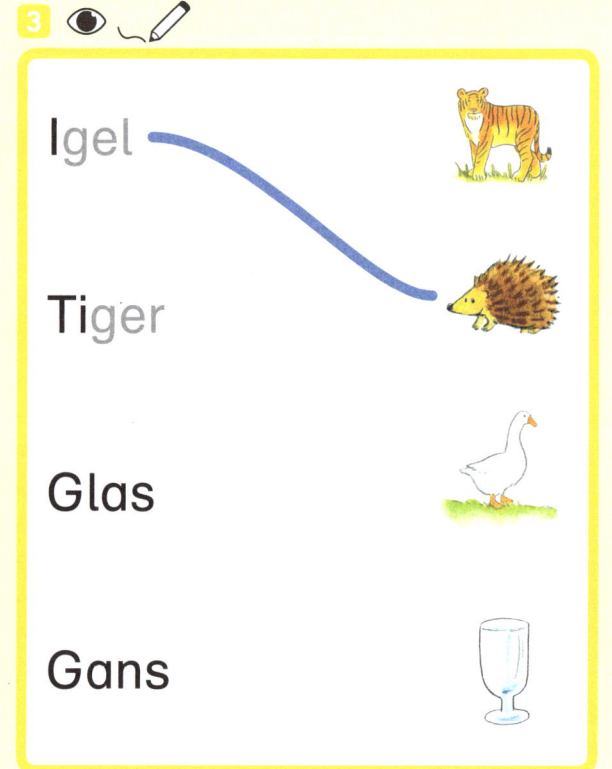

Igel	
Tiger	
Glas	
Gans	

Sinn und Unsinn unterscheiden (ankreuzen); Bild zum Text ergänzen/malen; Wörter und Bilder verbinden

Au au Au au

Au · Au

au · au

Auto ·

Auge ·

auf ·

Au/au – Buchstaben und Wörter schreiben; Anlaut bzw. Inlaut auditiv diskriminieren

1 👁 ✏ ⌣✏

👀 Au	pe ⬜ Raupe ⌣⌣ ⬜
🧱 Mau	gen ⬜ ⬜
🐛 Rau	men ⬜ ⬜
👍 Dau	er ⬜ ⬜

2 👁 ✗✏

☐ Eine Raupe wartet.

☐ Ein Auto wartet.

☐ Emil will loslaufen.

☐ Maria will loslaufen.

Au/au – Silben zu Wörtern verbinden, schreiben, Silbenbögen eintragen; passenden Satz zum Bild ankreuzen

© Bildungshaus Schulbuchverlage

1 👁 ✏

laut oder leise ?

Eine Maus ist ⌐‾‾‾‾‾‾‾‾‾‾‾‾‾‾‾‾‾‾‾‾⌐ .

Ein Auto ist ⌐‾‾‾‾‾‾‾‾‾‾‾‾‾‾‾‾‾‾‾‾⌐ .

Eine Raupe ist ⌐‾‾‾‾‾‾‾‾‾‾‾‾‾‾‾‾‾‾‾‾⌐ .

Ein Laster ist ⌐‾‾‾‾‾‾‾‾‾‾‾‾‾‾‾‾‾‾‾‾⌐ .

2 👁 ×✏ ✏

Der Helm passt

☐ gut.

☐ gar nicht.

⌐‾‾‾⌐

Au/au – Sätze passend ergänzen; Satz zum Bild ergänzen (ankreuzen) und schreiben

Au
au

1 👁 ✦ ✏

Tim hat
eine graue Hose an.

2 👁 ✦ ✏

Ein Kater ist
auf der Mauer.

3 👁 ✏

In einem Haus
ist eine M_____.
Kleine Maus,
komm doch r_____!

Maus

Bild zum Text ergänzen/malen; Reimwörter im Text ergänzen

Au
au

Der kleine Astronaut

Der kleine Astronaut
ist in den Weltraum
geflogen .

1

Da kommt Mutter .

Es war alles nur
ein Traum.

4

Leseheft herstellen: ---- abschneiden, ___ falten; Texte lesen und die vier Bildteile passend einkleben

Au
au

Dort ist
unsere Erde.

Ist etwas kaputt?

1 👁 ✏️

B   B

b   b

Baum

Burg

bauen

2 👂 ✗ ✏️

B
b

1 👁 ✏️ ‿✏️

 🧹 **Be**	be	⌂ R͜a͜b͜e ⌂
 🐦 **Ra**	me	⌂ _____ ⌂
 🌸 **Blu**	be	⌂ _____ ⌂
 🧴 **Tu**	sen	⌂ _____ ⌂

2 👁 ✏️

gelb oder blau ?

☀️ Die Sonne ist	⌂ _____ ⌂ .
🚗 Das Auto ist	⌂ _____ ⌂ .
🍐 Die Birne ist	⌂ _____ ⌂ .
👖 Die Hose ist	⌂ _____ ⌂ .

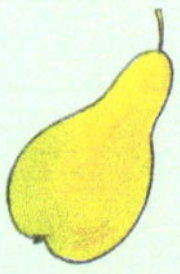

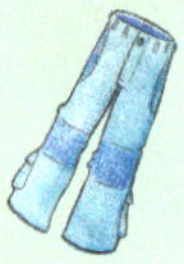

Silben zu Wörtern verbinden, schreiben, Silbenbögen eintragen; Sätze passend ergänzen

1 👁 ✏️✏️

Anna		eine Burg.  
Leon	baut	einen Turm. 
Ben		ein Haus. 

_____

_____

_____

2 👁 ✏️

Anna baut im _____ .
Leon sagt: „Tolle _____ !"

Burg   Sand

B
b

1 👁 ✏️

blau oder bunt ?

Der Papagei

ist ▯ _____ .

Die Feder

ist ▯ _____ .

Ein Regenbogen

ist ▯ _____ .

2 👁 ✨✏️

Der Ball ist im Bach.

3 👁 ✗✏️ ✏️

☐ Baum
☐ Bein

☐ Ball
☐ Bett

☐ Bach
☐ Buch

26   Sätze passend ergänzen; Bild zum Text ergänzen/malen; passendes Wort zum Bild ankreuzen und schreiben

1 👁

Das Baumhaus

1

Leon und Anna wollen
ein Baumhaus bauen.

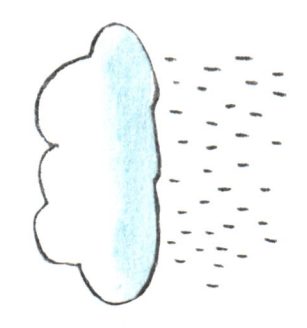

4

Papa kommt
mit Brot und Saft.

Leseheft herstellen: ----- abschneiden, falten ⎯⎯ , Texte lesen und die drei Bildteile passend einkleben

Auf einmal regnet es.

Am Himmel ist
ein Regenbogen.

2

3

1 👁 ✏

ie ie ie ie ie

ie   ie

Brief

Wiese

Tier

sie

2 👁 ✏

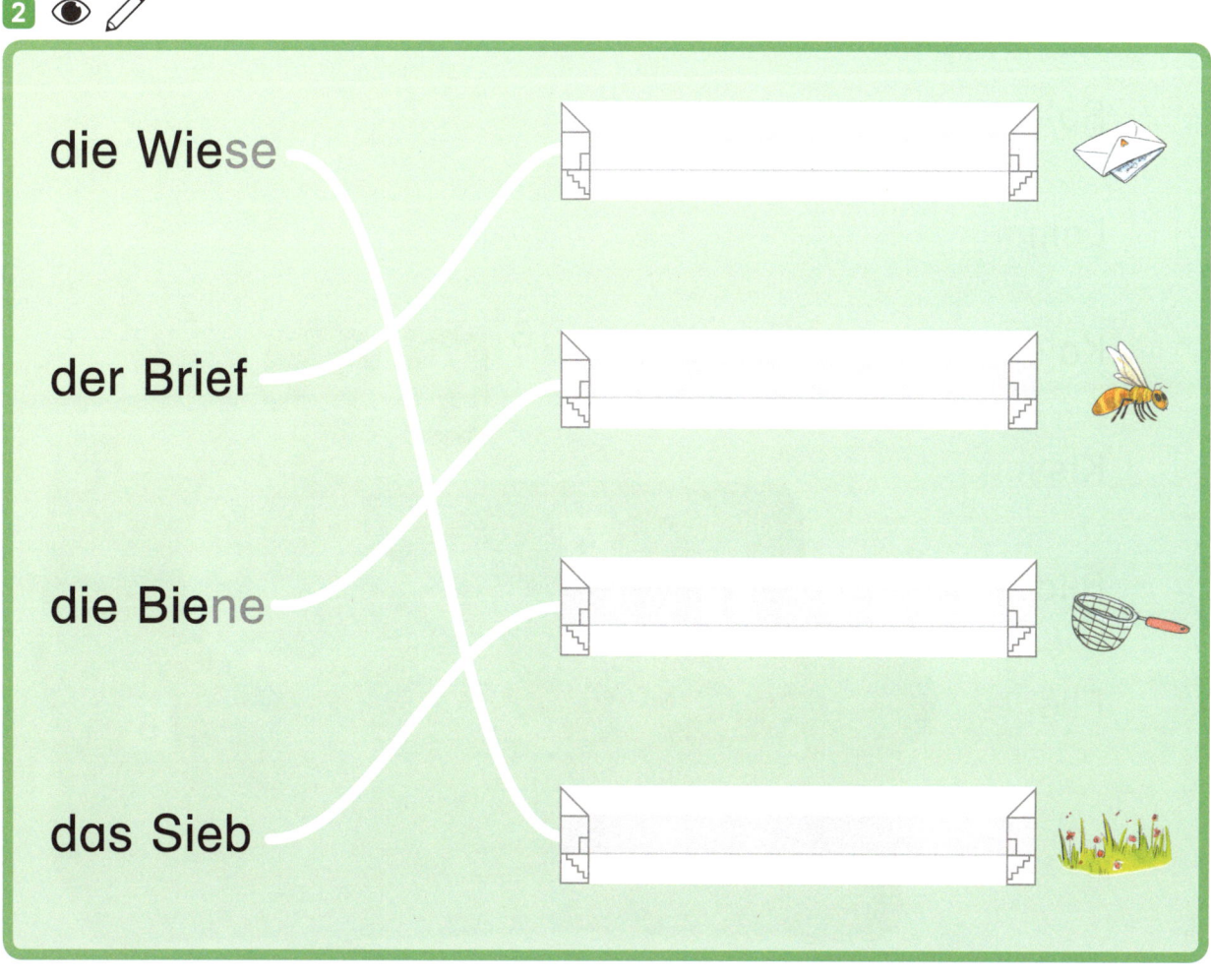

die Wiese

der Brief

die Biene

das Sieb

1 👁 ✗✏

Sinn ☒ oder Unsinn ☒ ?

Eine Ente kann fliegen. ☐

Ein Baum kann fliegen. ☐

Eine Biene kann fliegen. ☐

Ein Haus kann fliegen. ☐

2 👁 ✏

der, die, das

3 👁 ✏

☐ Sofa

☐ Lampe

1 Kater

☐ Kissen

☐ Bild

☐ Fliege

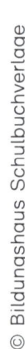

Sinn und Unsinn unterscheiden (ankreuzen); Artikel zu Nomen schreiben; Wörter Bildern zuordnen (nummerieren)

1 👁 ✏

ng ng ng ng ng

ng   ng

Ring

Angst

singen

fangen

2 👁 ✗✏ ✏

☐ Ring
☐ Rabe

☐ Auto
☐ Angst

☐ singen
☐ suchen

ng – Buchstaben und Wörter schreiben; Wort zu Bild ankreuzen und schreiben

1

Der Kater will
eine Fliege fangen.

2

Tina will
den Ball fangen.

3

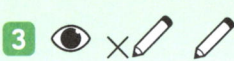

☐ Tim wacht auf.

☐ Er ist im Auto.

☐ Er hat Angst.

Bild zum Text ergänzen/malen; passende Sätze zum Bild ankreuzen und schreiben

1 👁 ✏

 Sch Sch sch sch

Sch	Sch
sch	sch

🏫 Schule

🚢 Schiff

schnell

2 👂 ✗✏

Sch

sch

Sch/sch – Buchstaben und Wörter schreiben; Anlaut bzw. In-/Auslaut auditiv diskriminieren

1

Sche	sche		Kirsche
Kir	le		
Schrau	re		
Schu	be		

2

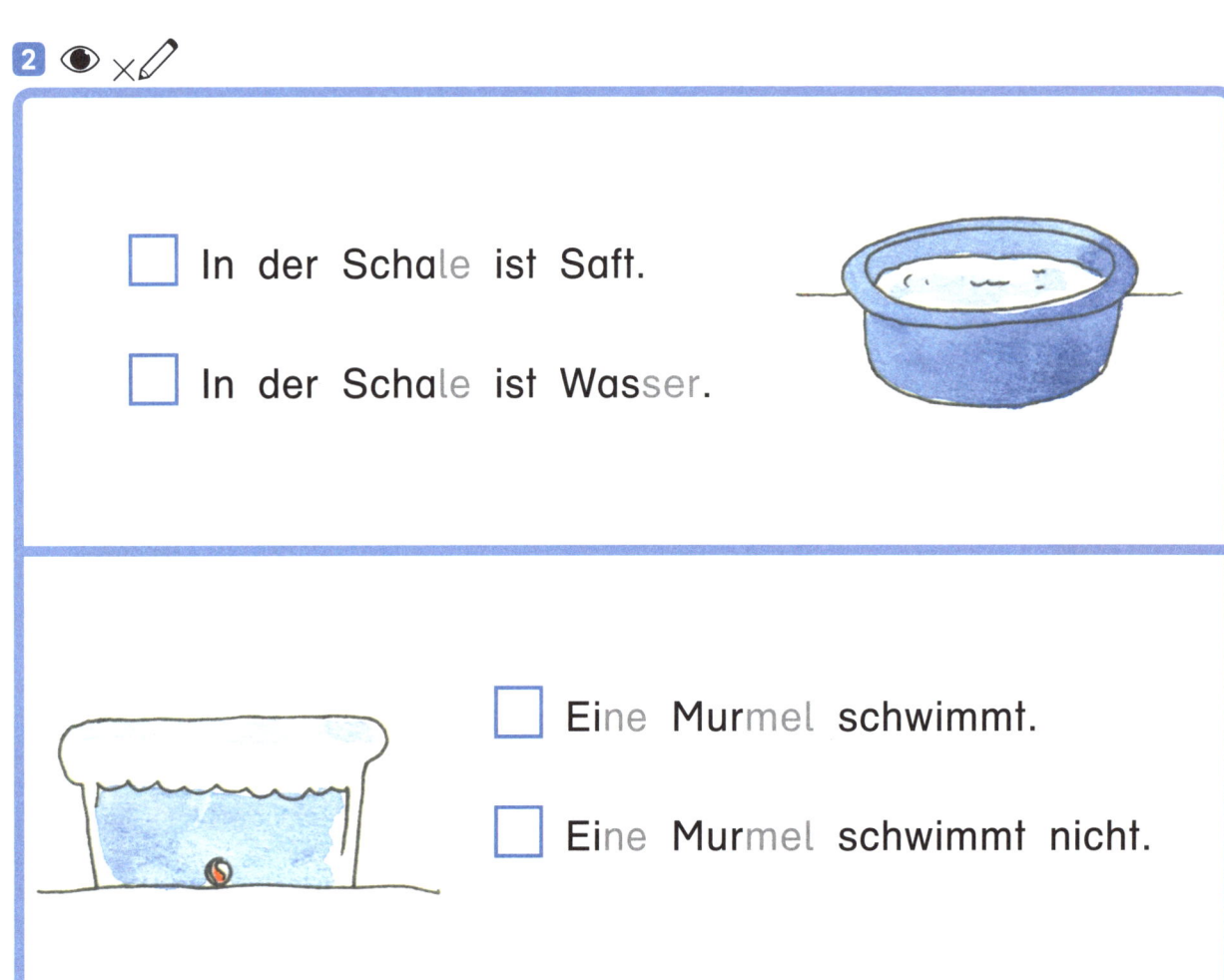

☐ In der Schale ist Saft.

☐ In der Schale ist Wasser.

☐ Eine Murmel schwimmt.

☐ Eine Murmel schwimmt nicht.

1 👁 ✎ ✎

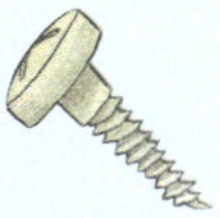

Eine Feder

Eine Schraube

Ein Schiff

sinkt.

schwimmt.

2 👁 ✗✎

Was schwimmt? ☒
Was schwimmt nicht? ☒

☐ ein Blatt

☐ ein Ast

☐ eine Murmel

☐ ein Schwamm

Satzteile passend verbinden und aufschreiben; Auswahlantworten passend ankreuzen

1 👁 ✒

Im Wasser
schwimmen
drei Fische.

2 👁 ✏

Schaf

Frosch

Schwein

3 👁 ✏

ein

Bild zum Text ergänzen/malen; Bilder und Wörter verbinden; Artikel und Nomen passend zu Bildern schreiben

1

V V V V v v v

V   V

v   v

Vogel

Vater

viel

2

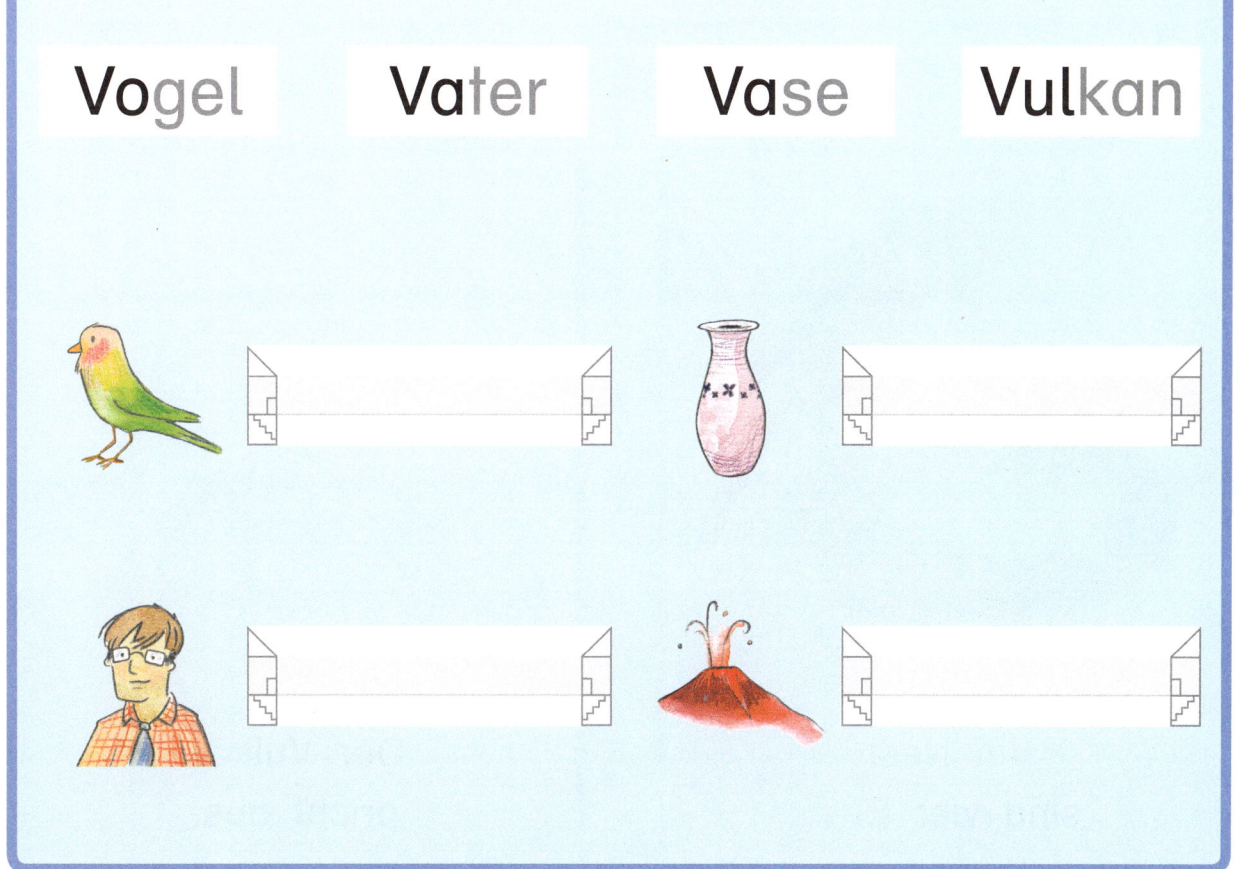

Vogel   Vater   Vase   Vulkan

1 👁 ✗✏

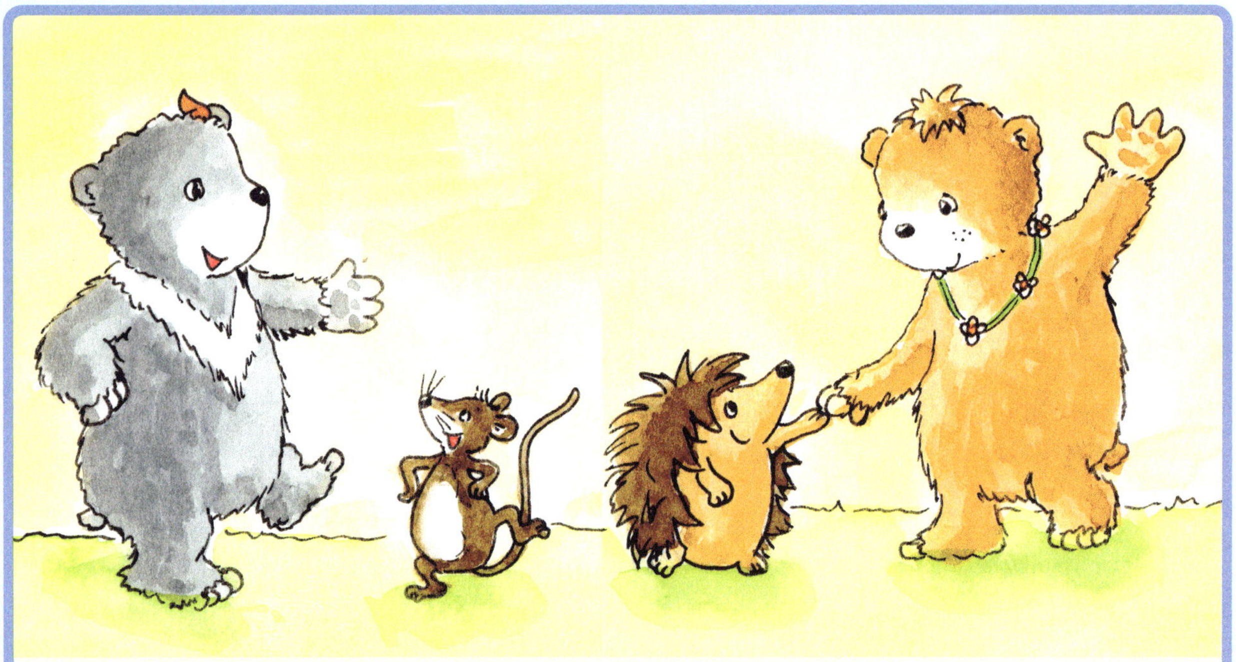

Sinn ⊠ oder Unsinn ⊠?

☐ Eine Ampel hat vier Beine.

☐ Ein Vogel hat einen Schnabel.

☐ Ein Vater hat einen Vater.

2 👁 ✦✏

Im Nest
sind vier Eier.

3 👁 ✦✏

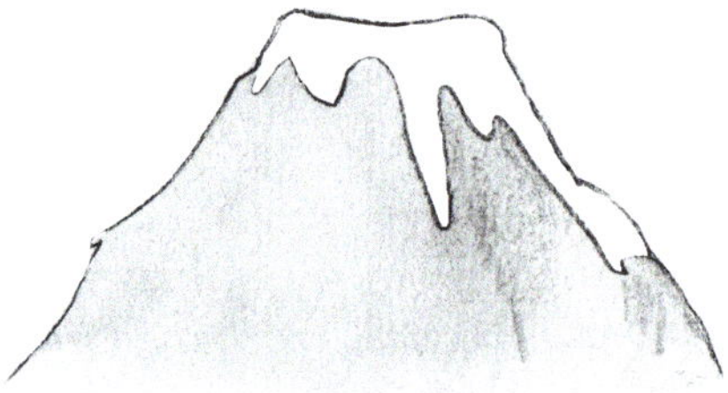

Der Vulkan
bricht aus.

1 👁 ✏

Z Z Z Z z z z

Z   Z

z   z

Zelt

Zirkus

2 zwei

2 👂 ✗✏

1 👁 ✏ ✏

🦓	**Ze**	kus	Zirkus
⛺	**Zir**	tung	
🐐	**Zie**	bra	
📰	**Zei**	ge	

2 👁 ✏ ✏

❤	**Ker**ze	Kerze
🕯	**Flug**zeug	
 🍄	**Herz**	
 ✈	**Pilz**	

© Bildungshaus Schulbuchverlage

Z/z – Silben zu Wörtern verbinden, schreiben, Silbenbögen eintragen; Bilder und Wörter verbinden, aufschreiben

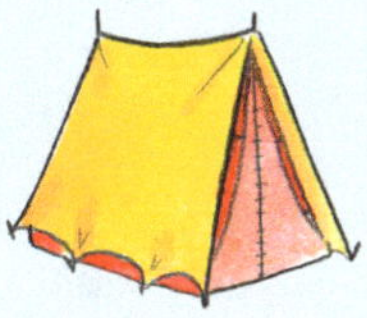

Das ist _____ .

Das ist _____ .

Das ist _____ .

ein Zaun   ein Zelt   eine Ziege

Fatima   ein Herz.

zaubert

Emil   ein Zebra.

_____

_____

Z
z

1

Sinn ☒ oder Unsinn ☒?

- ☐ Ein Zebra hat vier Beine.
- ☐ Eine Zitrone kann lesen.
- ☐ Eine Ziege ist ein Tier.

2

Die Zauberin
zaubert drei Zitronen.

3

Hinter dem Zaun
sind Blumen.

Sinn und Unsinn unterscheiden (ankreuzen); Bild zum Text ergänzen/malen

1 👁 ✏

Eu Eu eu eu

Eu   Eu

eu   eu

 Euro

Freund

heute

2 👁 ×✏ ✏

☐ Euro   ☐ Feder   ☐ Leute

☐ Ente   ☐ Freund   ☐ Lampe

Eu/eu – Buchstaben und Wörter schreiben; passendes Wort zum Bild ankreuzen und schreiben

1

 Eu   te    Leute

 Leu   ro

 Feu   le

Eu   er

2

Die Leute warten
- [ ] auf den Bus.
- [ ] auf den Ball.

Die Kinder sind
- [ ] am Fenster.
- [ ] am Feuer.

© Bildungshaus Schulbuchverlage

Eu

eu

Maria		acht Euro.
	hat	
Leon		neun Muscheln.

---

2 👁 ✏️

Leon legt den _____

neben das _____

auf das _____ .

Glas   Papier   Euro

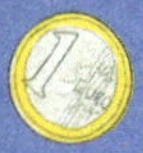

1

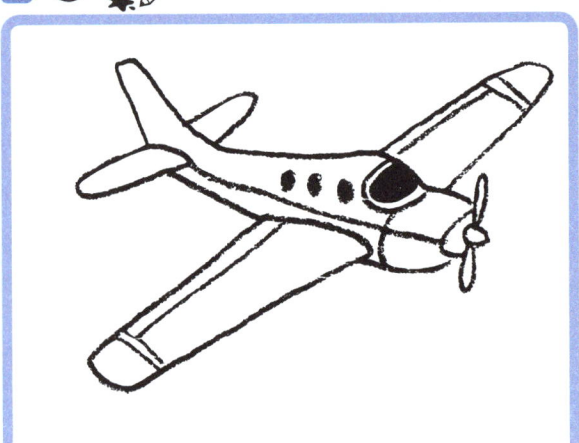

Das Flugzeug ist gelb.

2

Das Feuer brennt
gelb und rot.

3

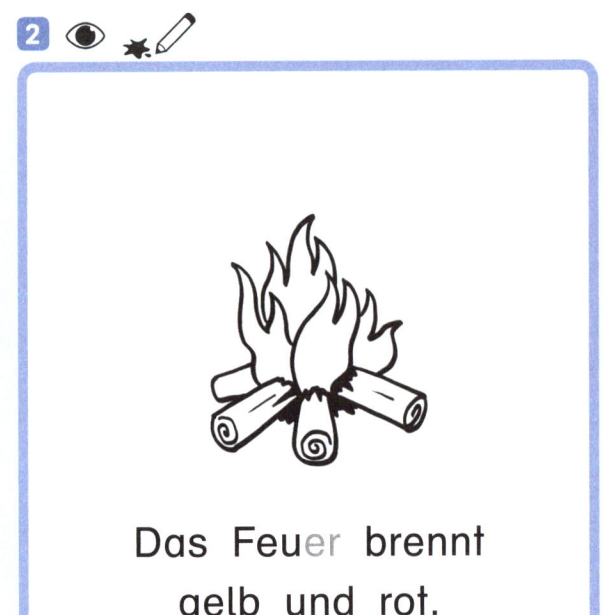

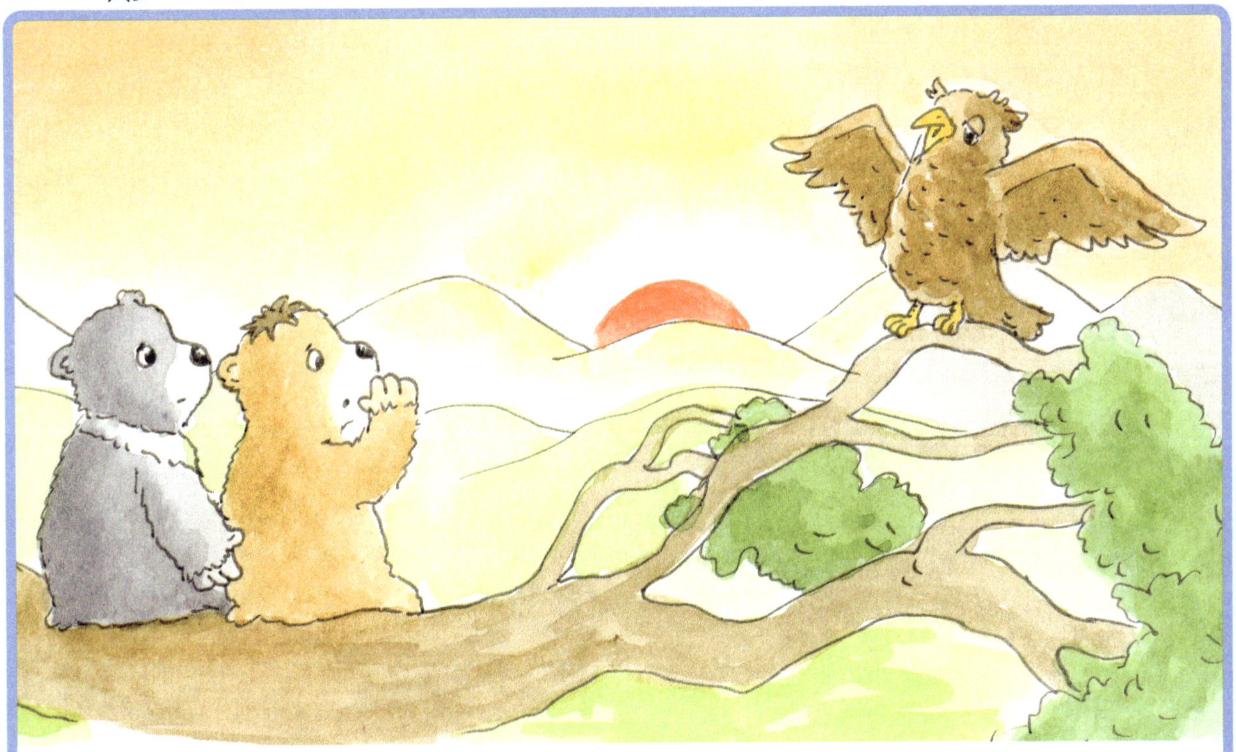

Sinn ☒ oder Unsinn ☒?

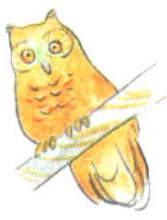

- ☐ Leon hat neun Arme.
- ☐ Eine Eule kann fliegen.
- ☐ Feuer ist immer kalt.

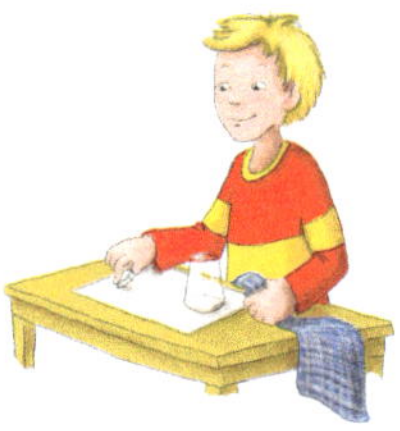

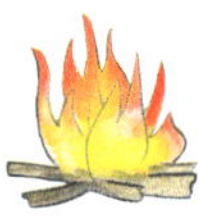

Bilder zu Sätzen ergänzen/malen; Sinn oder Unsinn unterscheiden (ankreuzen)

Der Zirkus kommt heute!

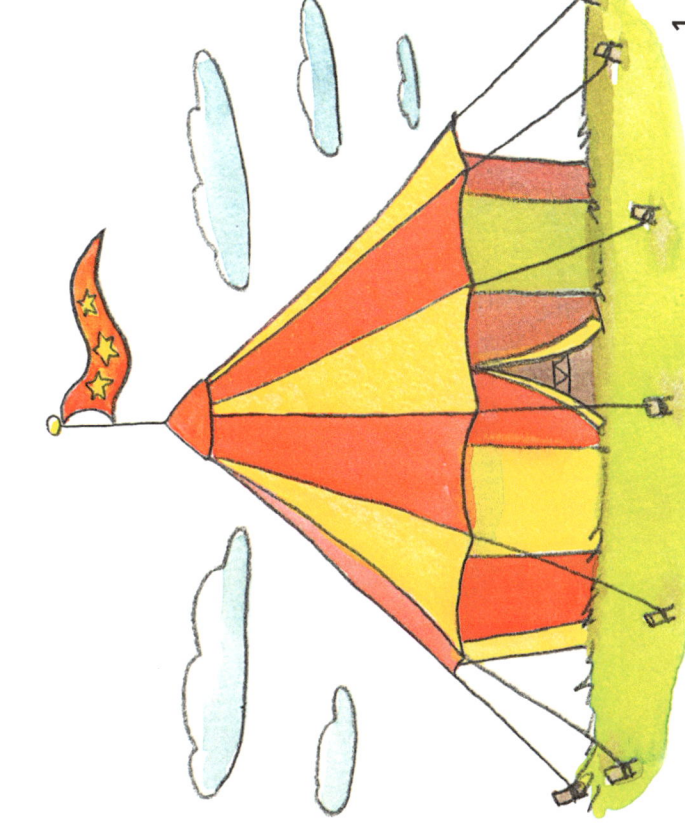

1

Der Zauberer hat
einen blauen Mantel an.

4

Leseheft herstellen: _ _ _ _ _ Rand abschneiden, _ _ _ _ _ falten, lesen und dazu malen

2

Die Ballerina hat
einen roten Schirm.

Eine Frau wirft
drei Reifen
durch die Luft.

3

1 👁 ✏

J J J J J j j j j

J   J

j   j

Junge

Juli

ja

2 👂 ✕✏

J/j – Buchstaben und Wörter schreiben; Anlaut auditiv diskriminieren

J
j

1 👁 ✏️ ～✏️

Jo**ghurt**   Joghurt

Ju**li**

Ju**do**

Jun**ge**

2 👁 ✗✏️

Im Juli   ☐ scheint oft die Sonne.

☐ schneit es immer.

Joghurt wird   ☐ aus Milch ge**macht**.

☐ aus Sand ge**macht**.

Bilder und Wörter verbinden, aufschreiben, Silbenbögen eintragen; Sätze passend zu Bildern ergänzen (ankreuzen)

1 👁 ✏

jung oder alt ?

neu oder alt ?

2 👁 ✗✏ ✏

In Japan

☐ Die Jungen sind in der Schule.

☐ Sie turnen auf der Wiese.

☐ Sie schreiben mit dem Pinsel.

J
j

ja oder nein ?

Ich gehe
in die Schule.

Ich esse
gerne Joghurt.

Ich war schon
in Japan.

Der Junge hat
einen blauen Pulli an.

Was ist das?

 ☐ Jo-Jo
☐ Junge

 ☐ Joghurt
☐ Jaguar

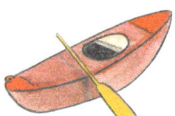 ☐ Koffer
☐ Kajak

 ☐ Boje
☐ Brot

Aussagen bewerten und aufschreiben; Bild zum Satz ergänzen/malen; Wörter lesen, passend zu Bildern ankreuzen

© Bildungshaus Schulbuchverlage

1 👁 ✏️

ß ß ß ß ß ß

ß   ß

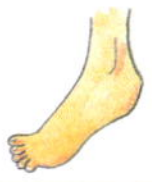

🦶 Fuß

weiß

groß

heiß

2 👁 ✏️✏️

weiß

schwarz

groß

klein

heiß

kalt

1

Neben der Sonne
ist eine große Wolke.

2

Neben dem Tor
liegt ein Fußball.

3

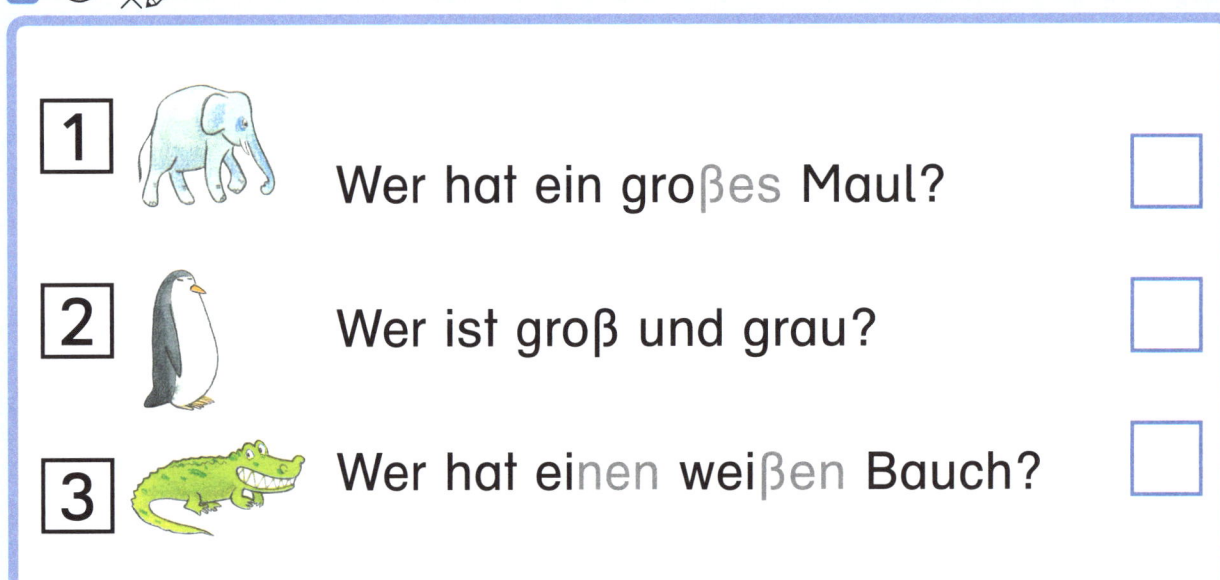

1	Wer hat ein großes Maul?	☐
2	Wer ist groß und grau?	☐
3	Wer hat einen weißen Bauch?	☐

Bilder zu Sätzen ergänzen/malen; Fragen beantworten und Bildern zuordnen (Ziffern eintragen)

1 👁 ✏

ah eh ih oh uh

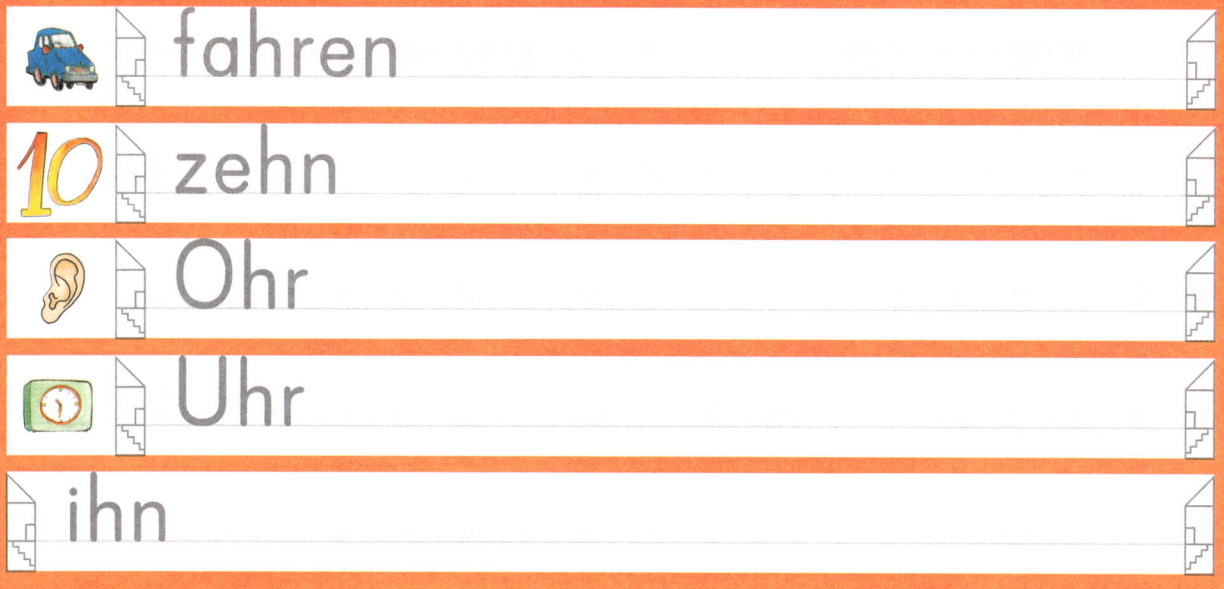

🚗	fahren
10	zehn
👂	Ohr
🕐	Uhr
	ihn

2 👁 ✏

Hahn 🐓	eh	
🐔 Huhn	ah	
Mehl 📦	ih	
🫛 Bohne	oh	
ihr	uh	

© Bildungshaus Schulbuchverlage

1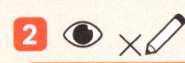

Lea schaut
auf ihre Uhr.

2

Wer ist das?
Sie geht in die Schule.
Sie kann lesen.
Aber sie ist kein Kind.

Das ist die

☐ Oma.

☐ Lotta.

☐ Lehrerin.

3

Beim Zahnarzt

☐ das Ohr

Anna tut ☐ der Zahn weh.

☐ die Nase

Bild zum Text ergänzen/malen; Rätsel lösen (ankreuzen); Satz passend zum Bild ergänzen (ankreuzen)

tz   tz tz tz tz

tz   tz

Katze

Platz

putzen

sitzen

Netz   Katze   Blitz   Schatz

1 👁 ✶ ✏

Am Himmel
sind drei Blitze.

2 👁 ✏

Opa hat
eine Glatze.

Murat findet
einen Schatz.

Die Katze sitzt
am Fenster.

3 👁 ✏

Die _____
_____
auf dem Sessel.

1 👁 ✏

ck ck ck ck ck ck

ck · ck

Jacke

Hecke

Trick

kicken

2 👁 ✏

| Sack | Rock | Schnecke | Glocke |

1 👁 ✏

Emil hat eine
rote Jacke an.

2 👁 ✏

Socken

Zucker

Dackel

Decke

3 👁 ✏

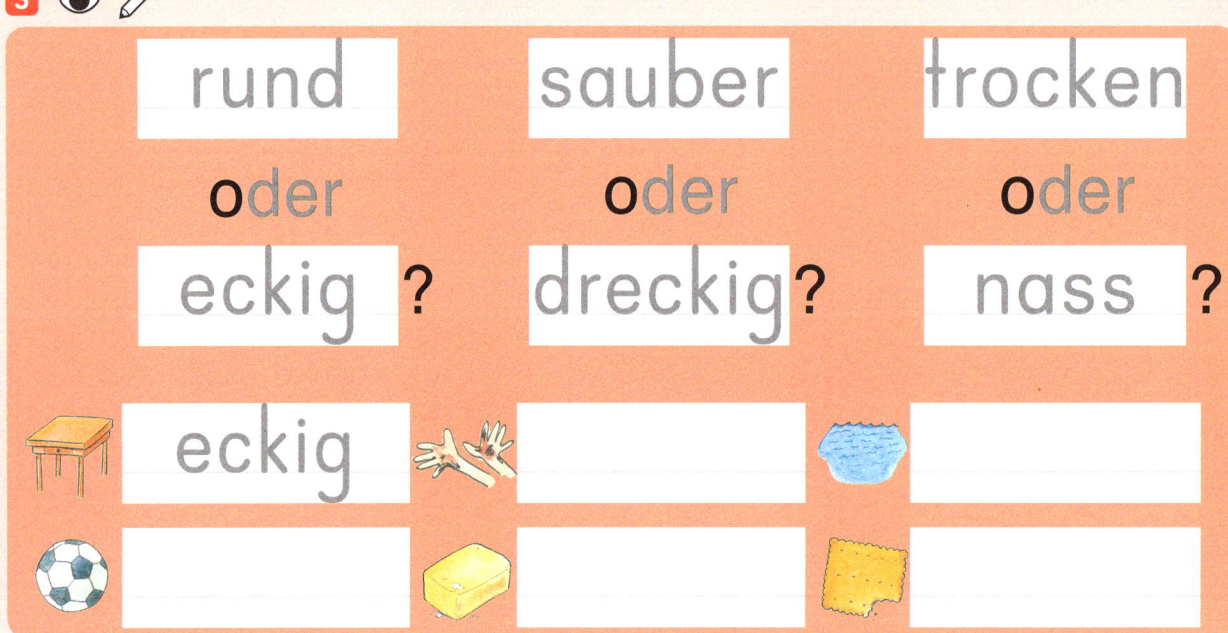

rund	sauber	trocken
oder	oder	oder
eckig ?	dreckig ?	nass ?
eckig		

Bild zum Text ergänzen/malen; Bilder und Wörter verbinden; Eigenschaften Bildern zuordnen und aufschreiben

Ä Ä ä ä

Ä   Ä

ä   ä

Käse

Bälle

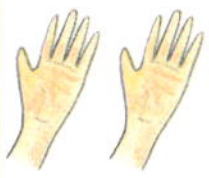

Hände

eine Hand   zwei Hände

ein Ball

eine Gans

ein Nagel

Ä/ä – Buchstaben und Wörter schreiben; Nomen verlängern und aufschreiben

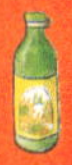

1 👁 ✏

Ö · Ö · Ö · ö · ö

Ö   Ö

ö   ö

Öl

Löffel

hören

2 👁 ✏

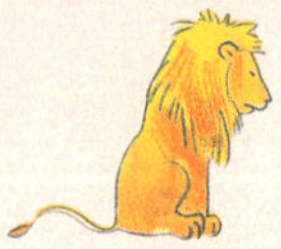

Löwe   der Löwe

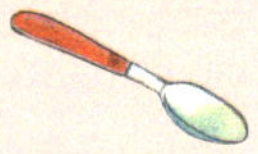

Löffel

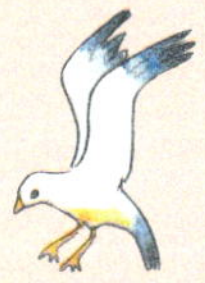

Möwe

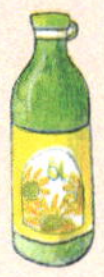

Öl

1 👁 ✏

Ü   Ü   Ü   ü   ü

Ü   Ü

ü   ü

Tür

Küche

Würfel

2 ✏

ein Tuch   zwei Tücher

ein Buch   drei

ein Hut   vier

eine Nuss   fünf

Ü/ü - Buchstaben und Wörter schreiben; Nomen verlängern und passend zum Bild aufschreiben

1 👁 ✏

Auf der Schildkröte
sitzt ein grüner Käfer.

2 👁 ✏

Ein Löwe kann

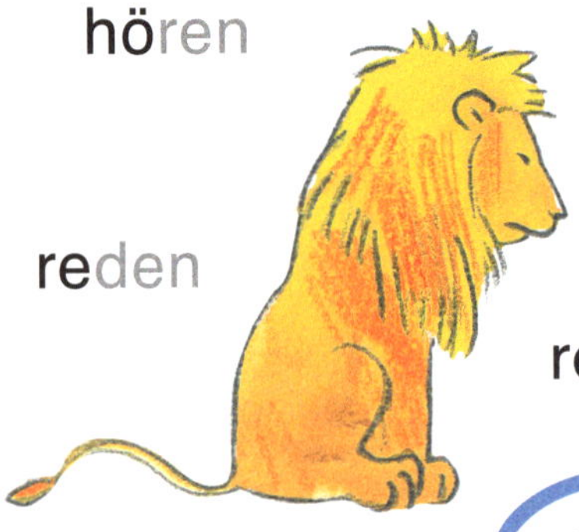

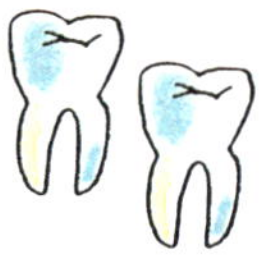

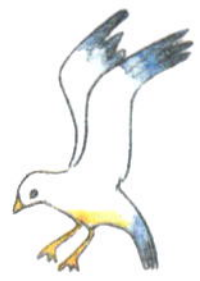

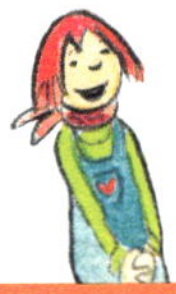

hören

lesen

reden

rennen

brüllen

(fühlen)

3 👁 ✏ ✏

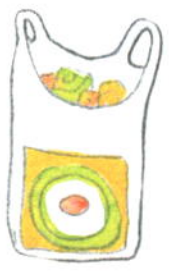

Tü	ne	Zähne
Zäh	te	
Mö	chen	
Mäd	we	

mit einem Füller.

mit Öl.

ihre Zähne.

viele Bücher.

Mama kauft Käse.

Maria findet einen Ball.

Emil wäscht sich die Hände.

Lea hört schöne Musik.

Oma schreibt

Papa kocht

Anna putzt

Tim liest

Falttspiel herstellen: ----- abschneiden, ___ falten, ... einschneiden; klappen und lesen

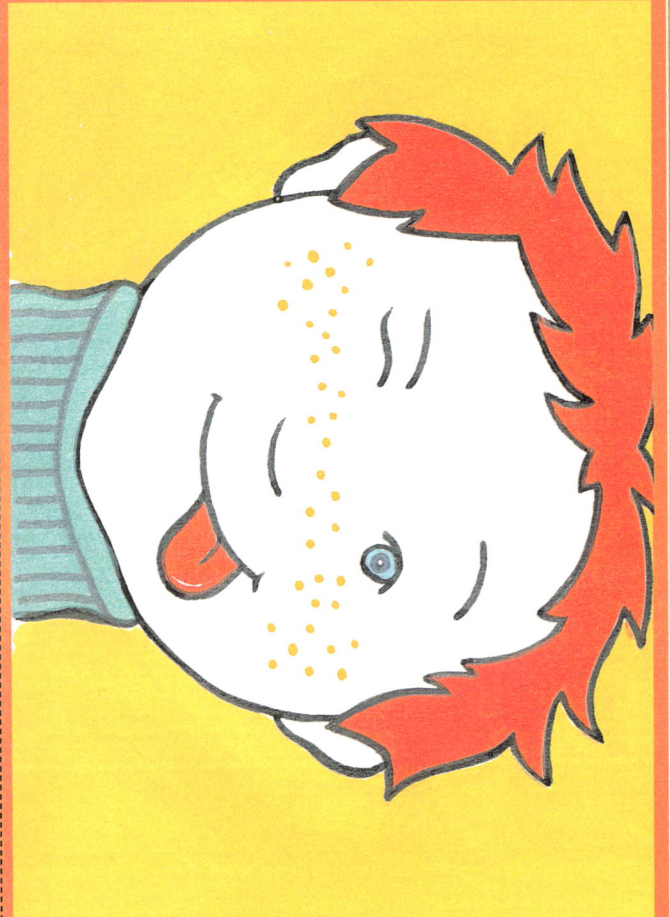

Pablo schält eine Banane.

Kinder suchen einen Würfel.

Sofie wirft Bälle.

Leon isst Nüsse.

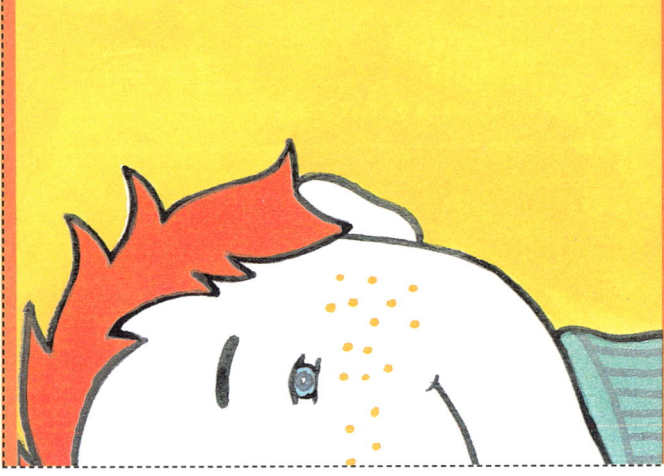

1 👁 ✏

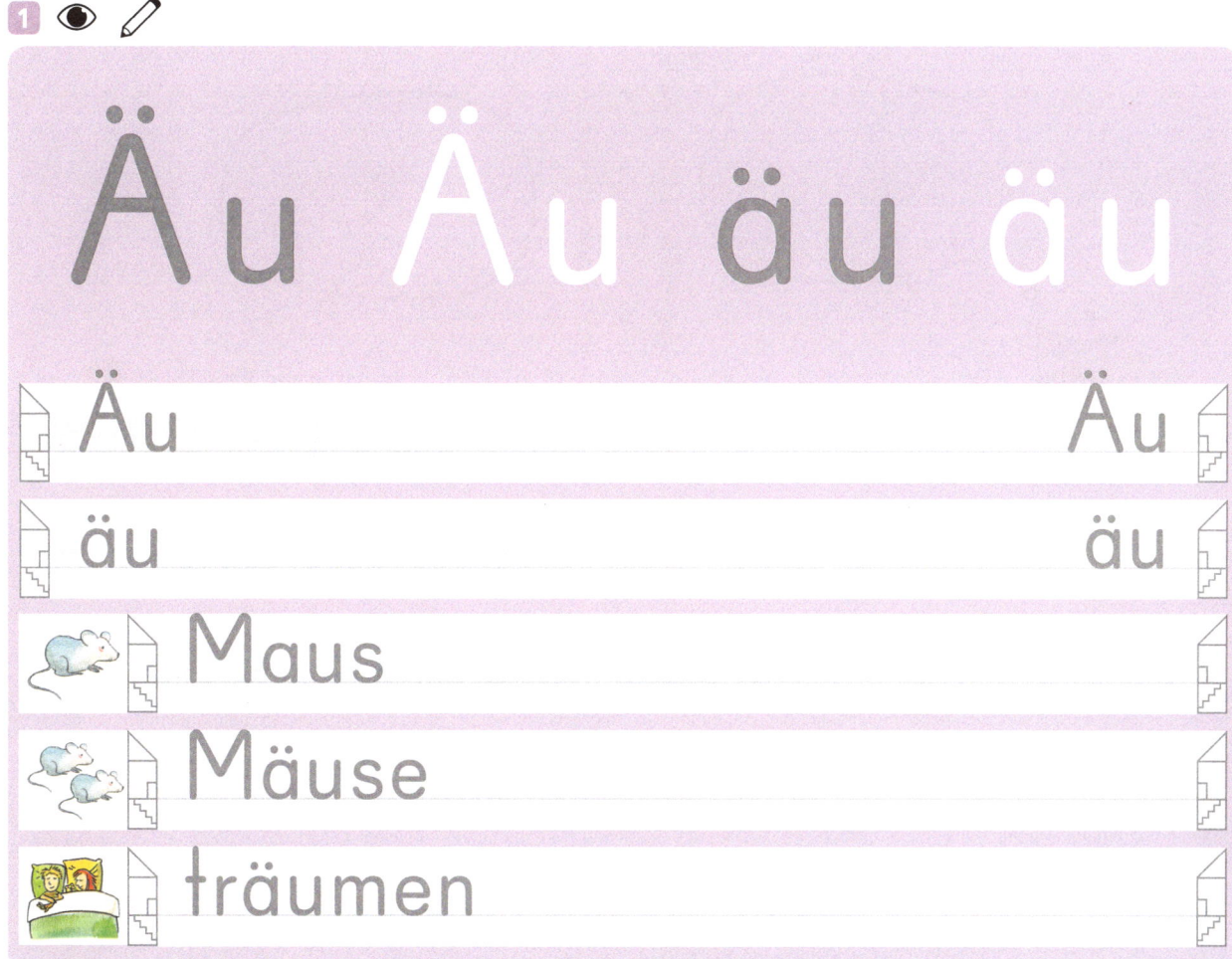

Äu Äu äu äu

Äu   Äu

äu   äu

Maus

Mäuse

träumen

2 👁 ✏

Maus   Mäuse

Die   läuft los.

Sie trifft drei andere   .

Die   freuen sich.

Eine   ruft: „Fangt mich!"

Äu/äu – Buchstaben und Wörter schreiben; Lückentext ergänzen

1 👁 ✦ ✏

Nele träumt
von lila Bäumen.

2 👁 ✦ ✏

Wovon träumt Tim?

3 👁 ✏

Baum   Zäune

Haus   Bäume

Zaun   Häuser

1 👁 ✕✎

Die Katze klettert

☐ auf den Baum.

☐ auf die Leiter.

Sie hat Angst

☐ vor der Maus.

☐ vor dem Hund.

genau lesen und ankreuzen; passenden Bildteil auswählen und ins Bild kleben

Die Katze lauert

☐ im Himmel.

☐ im Gras.

Da fürchtet sich

☐ der Hund.

☐ der Frosch.

1

Sp Sp sp sp

Sp _____ Sp

sp _____ sp

 Spiel _____

Spaß _____

spielen _____

2

| ☐ Salat | ☐ Spiel | ☐ Sonne |
| ☐ Spaß | ☐ Spiegel | ☐ Spinne |

© Bildungshaus Schulbuchverlage

Sp/sp – Buchstaben und Wörter schreiben; passendes Wort zum Bild ankreuzen und schreiben

1 👁 ✏

spie   chen

spre   ren

spa   len

2 👁 ✗✏ ✏

Anna spielt mit
- ☐ einem Ball.
- ☐ einem Auto.
- ☐ einem Hund.

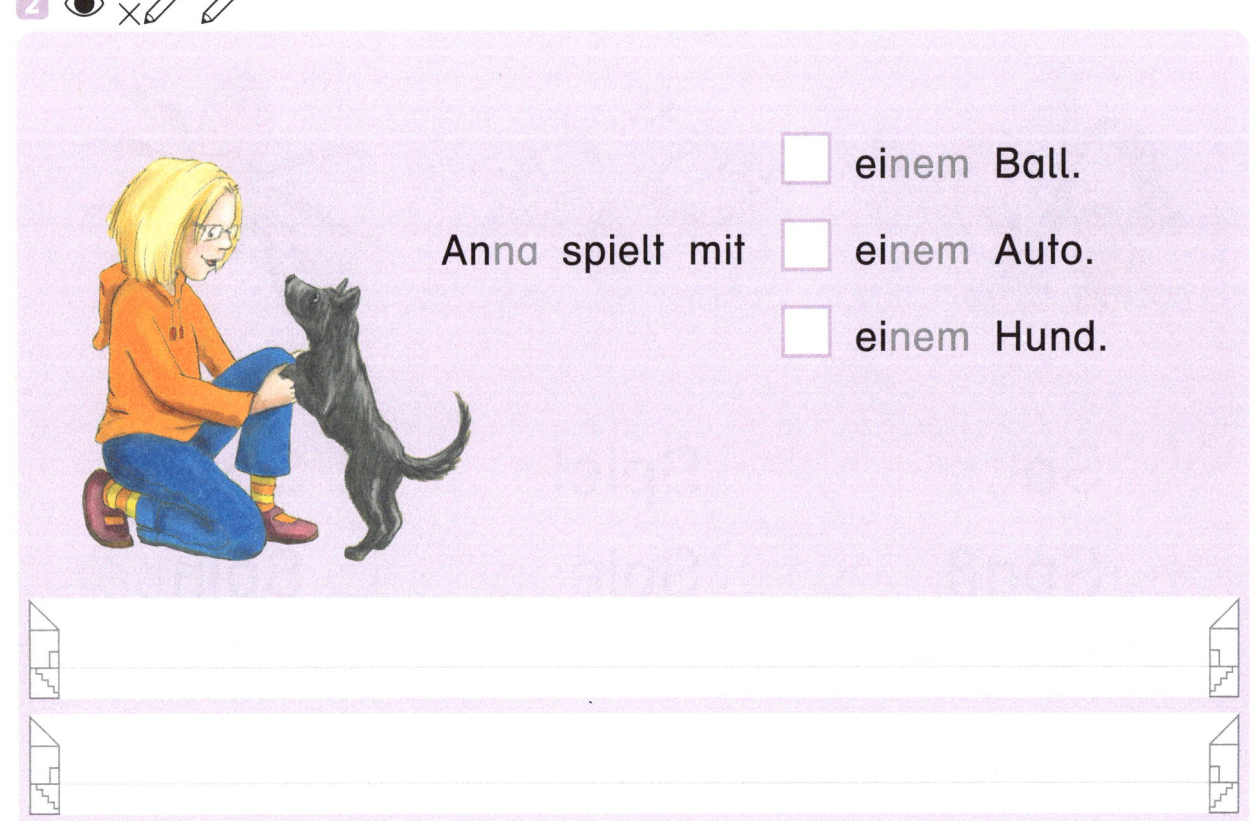

Silben zu Wörtern verbinden und aufschreiben; Satz passend zum Bild ankreuzen und aufschreiben

St st

St St st st

St   St

st   st

⭐ Stern

Stein

stehen

Stall   **Straße**   **Stuhl**   **Stiefel**

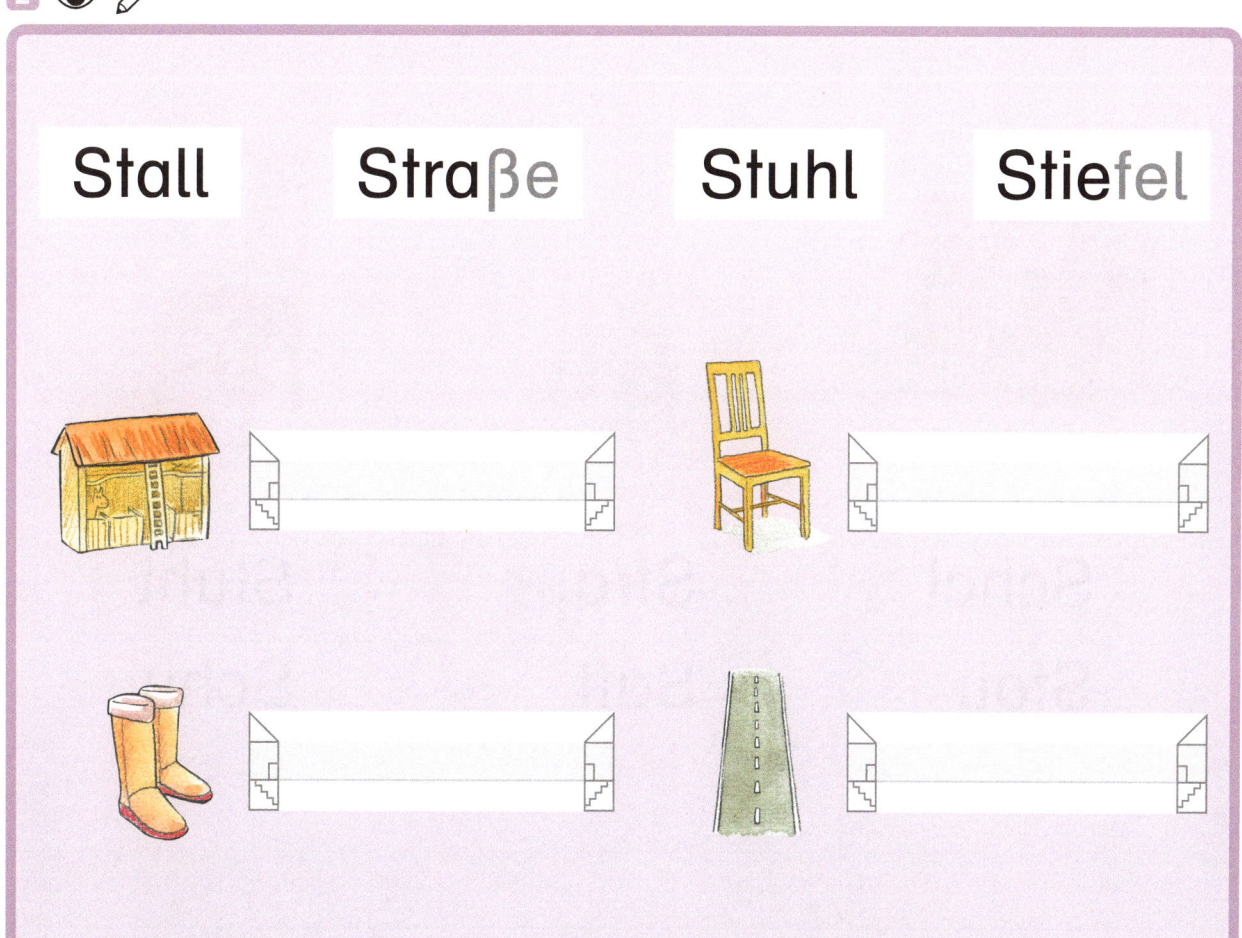

St/st – Buchstaben und Wörter schreiben; passendes Wort zum Bild schreiben

St
st

Am Stall steht
ein grauer Esel.

Auf einem Stein sitzt
ein roter Käfer.

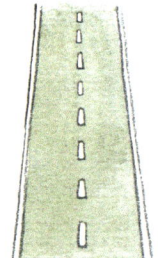

☐ Schal   ☐ Straße   ☐ Stuhl

☐ Stall   ☐ Saft   ☐ Schule

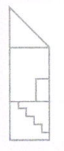

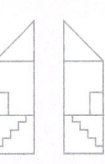

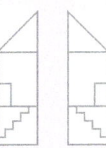

Bild zum Satz ergänzen/malen; passendes Wort zum Bild ankreuzen und aufschreiben

1 👁 ✏

Pf Pf pf pf

Pf   Pf

pf   pf

Pferd

Apfel

hüpfen

2 👂 ✗✏

Pf/pf – Buchstaben und Wörter schreiben; Anlaut bzw. In-/Auslaut auditiv diskriminieren

Pf
pf

Auf dem Teller
liegt ein Apfel.

Das Pferd
steht auf einer Wiese.

2 👁 ✏

Pfan   pfe

Tö   fel

Ä   de

Pfer   nen

Bild zum Satz ergänzen/malen; Silben zu Wörtern verbinden und aufschreiben

1 👁 ✏

Qu Qu qu qu

Qu		Qu
qu		qu

 Quark

 Qualle

 quaken

2 👁 ✏

Qualle	Quatsch	Quark	quakt

Heute gibt es 🥔 mit _____.

Im 💧 schwimmt eine _____.

Der 🤡 macht _____.

Der 🐸 _____.

1 👁 ✏

C   C

c   c

🪙 Cent

🖥 Computer

📙 Comic

2 👁 ✏

Cent	Computer	Comic

Tim hat fünf 🪙🪙🪙🪙🪙 _____ .

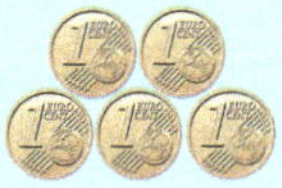

Mama schreibt am 🖥 _____ .

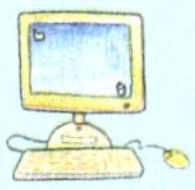

Ich lese einen 📙 _____ .

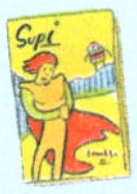

1 👁 ✏

Y Y Y Y Y y y y

Y .... Y

y .... y

Baby

Teddy

Yak

2 👁 ×✏ ✏

☐ **Telefon**
☐ **Teddy**

☐ **Baby**
☐ **Ball**

☐ **Papa**
☐ **Pony**

Y/y - Buchstaben und Wörter schreiben; passendes Wort zum Bild ankreuzen und schreiben

X
x

1 👁 ✏️

X X X x x x

X X

x x

🧙 Hexe

🥊 Boxer

🚕 Taxi

2 👁 ✏️

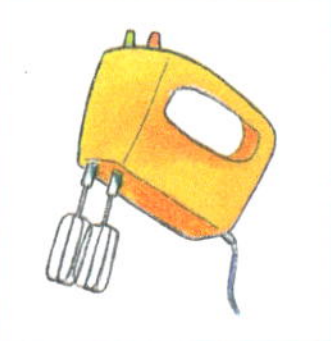

Ni

xi

Ta

xer

Mi

kon

Le   xi   xe

X/x – Buchstaben und Wörter schreiben; Silben zu Wörtern zusammensetzen und aufschreiben